Meditación

Un enfoque de meditación para principiantes que incluye consejos sobre cómo ubicar un lugar tranquilo

(Tu manual de atención plena: reducción del estrés y desarrollo espiritual)

Eliseo Vaquero

TABLA DE CONTENIDOS

Las Preguntas Más Frecuentes Sobre La Meditación 1

La Hospitalidad En General 21

Responsabilidad En El Trabajo 49

¿Qué Sucede Mientras Medito? 59

Carl Jung Presenta Cuatro Categorías De Personalidad. 73

¿Pensar Sin Pensar? 83

La Razón Detrás De La Iluminación 91

Un Breve Comentario 138

Recuerda Tus Sueños. 146

El Mundo Del Oxígeno. 149

La Sensación... 153

Cromoterapia, Aromaterapia Y Musicoterapia..... 153

Las Preguntas Más Frecuentes Sobre La Meditación

¿QUIÉN ES CAPAZ DE MEDIR?

La meditación está dirigida a todos, independientemente de si son niños, adolescentes o adultos. No se requieren antecedentes. Puede meditar sin importar su condición física o flexibilidad. El ejercicio de meditación le permite tomar parte del tiempo de inactividad que a veces se sobrecarga en su vida y centrar su atención en usted mismo. Como resultado, puede meditar sin comprometer sus creencias religiosas o espirituales.

¿Cuál es la mejor posición para medir?

Aunque la postura tradicional para sentarse (en una almohada personal o en un banco de meditación) es importante, no es necesaria. La meditación sentada en una silla adecuada, de pie (meditaciones activas) o acostado también puede ser beneficiosa. Estar en una postura cómoda y agradable que no provoque tensión muscular es fundamental.

¿CÓMO SE VESTIRÁ?

Use ropa cómoda, ligera, flexible y holgada. Evite cualquier cosa que pueda obstaculizar la respiración y la circulación sanguínea.

Use una manta de lana o un suéter (la temperatura corporal puede bajar durante la meditación, lo que puede causar frío en las extremidades o en todo el cuerpo).

¿DÓNDE Y CUÁNDO MEDITAR?

Todas las horas son adecuadas para la meditación.

Antes del amanecer o después de despertar por la mañana. El sueño refresca el cuerpo y la mente y los libera de cualquier preocupación o impregnación.

Antes de acostarse por la noche. Esta puede ser una excelente preparación para el sueño que calma la mente y ayuda a dormir mejor.

Después de regresar del trabajo. Esto le permite dedicar un poco de su tiempo.

- Durante las comidas o los descansos del trabajo, cuando el entorno es adecuado para una reunión

En cualquier instante. Incluso si las circunstancias y el entorno no son ideales, te permite tener un momento precioso para recuperarte o simplemente estar presente en lo que haces.

Puede meditar en cualquier lugar.

Puede optar por crear un lugar de meditación en casa si las circunstancias lo permiten. Este lugar reducirá el riesgo de distracciones y te invitará a volver porque estará asociado con la meditación y habrás creado una atmósfera propicia para la meditación.

Además, puede servir como una forma de recordar la importancia de dedicar tiempo a la meditación. Luego, si es posible, asegúrese de que la habitación esté bien ventilada y climatizada y en un lugar tranquilo, lejos de las zonas más concurridas de la casa. Pero tener un lugar dedicado a la meditación no es necesario.

¿Cuánto tiempo se necesita para medir?

La regularidad es esencial para el éxito. Meditar unos minutos cada día es mejor que una hora una vez por semana.

Si, por ejemplo, quieres aprender a nadar, necesitarás un poco de tiempo (cantidad) para ir a la piscina, pero volver a hacerlo con regularidad será esencial para tener éxito. La práctica puede prolongar la duración.

¿Qué podemos aprender de la meditación?

Aprendemos a ser conscientes del presente, a permitir que los pensamientos pasen sin rechazarlos ni seguirlos.

Aprendemos a ser conscientes de quiénes somos. Al meditar, comprendemos que no somos solo individuos independientes y que podemos contar con otros.

La meditación nos enseña que todos estamos conectados entre sí y que no somos más importantes que los demás en nuestra naturaleza profunda. Al darse cuenta de esto, nuestra visión del mundo cambia, se expande y nos libera de nuestro pequeño ego, que en muchos aspectos expresa sufrimiento.

Comprender esto facilita nuestras vidas y nos permite ver nuestros "problemas".

¿Cuáles son los problemas con la meditación?

Los pensamientos y las asociaciones de ideas son una dificultad durante la meditación. Es un malentendido pensar que debemos combatir estos pensamientos. Por el contrario, si nota un pensamiento perturbador, acepte que ha estado distraído y luego vuelva al tema de su meditación.

La práctica es otra dificultad. No tengo tiempo suficiente.

Los descansos no son una pérdida de tiempo; son necesarios para mantenernos en equilibrio mental. Se pueden lograr cambios significativos simplemente practicando la meditación durante unos minutos al día.

La meditación no es un remedio milagroso para cualquier problema. A pesar de que hemos descubierto muchos beneficios de la meditación, no debemos esperar cosas poco realistas. La meditación no debe ser utilizada como una pastilla para dormir para calmarte y olvidarte de hacer frente a tus responsabilidades. La meditación no excluye la acción y te invita a conectarte con las cosas que haces todos los días.

No hay meditaciones buenas o malas que funcionen. No conviertas la meditación en un desafío para ti mismo. Ser amable contigo mismo. No cree una atmósfera de seriedad y gravedad en su meditación. ¡Hazlo porque te gusta y quieres hacerlo!

Plan para meditar durante la siesta

De vez en cuando, la siesta puede ser el mejor momento del día. Esta meditación a la hora de la siesta puede ayudarlo a conciliar el sueño rápidamente y de forma descansada si necesita una siesta corta durante el día, ya sea para mantenerte despierto durante el turno de noche o simplemente no dormiste bien anoche. Puede comenzar poniéndose cómodo en la cama o en el sofá una vez que esté listo, y luego podemos comenzar.

Quiero que sigas adelante y permitas que tus pensamientos comiencen an asentarse una vez que te hayas instalado. A medida que tu mente se vuelve más tranquila, trata de concentrarte en tu cuerpo. Se debe relajar los músculos de la cabeza hasta los dedos de los pies. Tómese un momento y piense en lo que significa estar completamente relajado. Quizás se sienta relajado, como una manta caliente o una sensación de cosquilleo que se extiende por su cuerpo. Permita que se sienta, extienda todo su cuerpo y caiga en esta sensación de comodidad.

Deje que sus músculos se relajen en la cama cuando empiece an inspirar. Tome nota de las áreas que están tensas y envíe su energía relajante allí. Baje los hombros, relaje la mandíbula y deje que sus manos cuelguen libremente a su lado.

Te invito a prestar atención a tu pecho cuando estés listo. Permítase sentir lo relajante que es este momento mientras su pecho sube y baja con cada respiración. Sienta cómo su pecho sube y baja de nuevo con cada respiración profunda. Cada respiración libera la tensión de tu cuerpo y te sientes completamente cómodo.

Recuerda suavemente que cualquier sueño que puedas conseguir es beneficioso a medida que tu mente comienza an ir a la deriva. Esta siesta es el refrigerio perfecto para pasar el día, aunque solo dure veinte minutos. Aunque sea cerrando los ojos por unos minutos, permítase estar en paz por unos momentos. Una siesta es el momento ideal para relajarse tanto mental como físicamente. Para ayudarlo a seguir adelante, permítase restaurar la paz en su día.

Empiezas a caer cada vez más en el sueño. En este momento, estás completamente relajado y contento. Se despertará completamente descansado, alerta y refrescado cuando se despierte. Tu cuerpo sabrá cuando es hora de despertarte. En este momento, eso no debería preocuparte. Permita que tus párpados se llenen de pesadez. Está preparado para dormir.

Me gustaría invitarlos an imaginar un lugar tranquilo en este momento. Quizás pueda relajarse en la hermosa playa o incluso en una cabaña tranquila en su prado preferido. Imagina estar relajado en este lugar tranquilo dondequiera que esté. Imagina estar en un cuadro completo y relajarse cada vez más aquí.

Imagina que eres como una pluma volando en el viento. Cada vez estás más dormido. La brisa te hace sentir ligero y despreocupado. Imagina estar a la deriva en el viento, flotando con tranquilidad. Nunca antes te has sentido tan relajado.

Siente lo mucho más pesado que está experimentando tu cuerpo ahora. La manta y las almohadas te mantienen seguro en la cama. Esto te brinda seguridad y apoyo. Nada puede molestarte mientras te hundes en el colchón suave. Estás más durmiendo. Te preparas para la siesta. Estás tranquilo. Te despertarás tranquilo.

Muchas veces pasamos mucho tiempo preocupados por amar an otros. Quiero que te detengas y te preguntes: ¿Te amo a ti mismo? Nos ponemos detrás de los demás con frecuencia, ya sea un niño, un miembro de la familia o un ser querido. Quiero que sepas que ponerse en primer lugar de vez en cuando es bueno. De hecho, quiero que te tomes un momento para recordarte lo mucho que te quiero.

Una forma de amar an uno mismo es mantener una mentalidad positiva. A pesar de que puede parecer una tarea sencilla, no siempre es así. Cuando tenemos una mentalidad positiva, podemos atraer cosas positivas a nuestra vida. La ley de la atracción es similar an esto: el "como" siempre atraerá al "como". Cuando incorporas un pensamiento positivo a tu vida, puedes atraer cosas positivas como relaciones armoniosas y buena fortuna.

Me gustaría revisar algunos consejos de meditación basados en el pensamiento positivo y el amor propio cuando estés listo. Si ha tenido un día difícil y se siente un poco deprimido contigo mismo, espero que uno de estos guiones te haga sonreír. Recuerda vivir el momento; tu pasado o futuro no te definen. Solo existe el presente, y solo tú decides cómo te sientes al respecto.

Simple guión de meditación de sonrisa

Si ha tenido un día difícil, es posible que haya perdido su sonrisa. Quiero que empieces por encontrar un lugar donde te sientas cómodo primero. Si es necesario, ponte ropa cómoda o incluso envuélvase en su edredón preferido.

Cuando esté en su lugar, le invito a cerrar suavemente los ojos y prestar atención a su respiración. Para ayudarlo a sentirse más tranquilo tanto en su cuerpo como en su mente, vamos a realizar un ejercicio de respiración básico. Deje de lado todos sus problemas y concentre su atención en su respiración.

Comienza a respirar cuatro veces mientras se sienta.

Al inhalar, haz cuatro, tres, dos y uno. Continúe con el sonido de cuatro, tres, dos y uno, y luego exhale gradualmente durante ocho narraciones, siete, seis, cinco, cuatro, tres y dos, lo cual es impresionante.

Repite esto durante algunas respiraciones más. Quiero que te concentres solo en tu respiración y cada número mientras pasa por tu cabeza.

Al inhalar, haz cuatro, tres, dos y uno. Manténgase en silencio durante cuatro, tres, dos y uno, y luego exhale suavemente durante ocho narraciones.números siete, seis, cinco, cuatro, tres, dos... Sienta cómo su cuerpo comienza a liberar la tensión, su mente y su corazón se calman.

Al inhalar, haz cuatro, tres, dos y uno. Manténgase en silencio durante cuatro minutos, tres minutos, dos minutos y luego exhale gradualmente durante ocho narraciones, siete, seis, cinco, cuatro, tres, dos. Realizó un gran trabajo.

Atrae la atención a tu cara cuando estés listo para seguir adelante. ¿Sientes alguna tensión? Responda con amabilidad y permita que los juicios se lleven a cabo sin dudar. Quizás haya tensión en sus labios, en su mandíbula o incluso detrás de sus ojos. Todo esto es completamente normal, especialmente si no tiene días buenos.

Permita que se relajen y se suavicen mientras reconoce estas áreas de tensión. Permita que tus labios se formen en una sonrisa si te gusta. Quiero que piense en un amigo, una familia o un recuerdo que le guste mientras lo hace. Siempre hay alguien que puede hacerte sonreír, incluso cuando no te gusta. Quiero que tomes un momento para respirar profundamente y concentrarte en este recuerdo alegre. Respira la felicidad.

A medida que tu sonrisa se vuelve más natural, piensa en cómo se siente tu corazón cuando piensas en este recuerdo. Quiero que veas tu corazón en este momento. Imaginen su corazón palpitando y abriendo; está comenzando a difundir energía y amor por todo su cuerpo. Tómense un momento y dediquen su atención an este amor que los está inundando.

Me gustaría que lo repetieras después de mí cuando estés listo. Esperamos que algunas afirmaciones positivas vuelvan a levantar su sonrisa. Respire profundamente otra vez y podemos empezar cuando esté listo.

Puedo permitir que me llegue la felicidad.

(Pausa.) Solo yo soy responsable de mi felicidad.

Incluso en situaciones difíciles, opto por sonreír.

(Pausa.) Me siento contento y agradecido por la forma en que vivo mi vida.

Cuando decida sonreír, otros también sonreirán conmigo.

(Pausa.) Estoy muy contento y agradecido.

(Pausa.)

Puede repetir estas oraciones cuando sea necesario. Su felicidad es completamente su responsabilidad;

ninguna circunstancia ni persona puede cambiarla para usted.

Trae tu conciencia de vuelta a tu respiración cuando estés listo. Observa cómo tu cuerpo se siente más relajado y cómo una sonrisa vuelve a tu rostro de forma natural. Lleva tu conciencia a tu espacio y sacude suavemente tu cuerpo para que vuelvas al momento presente. Permita que su mente se despierte suavemente, sonríe y esté listo para comenzar su día.

La Hospitalidad En General

En primer lugar, debemos amarnos profundamente, ya que el amor perdona muchos pecados. Sin quejarse, practiquen la hospitalidad entre ustedes. Cada uno ponga el don que ha recibido al servicio de los demás, administrando fielmente la gracia de Dios en sus diversas formas.

Cuando viajamos fuera de nuestro país, nos encontramos con una variedad de personas, lugares de comida y climas. La hospitalidad es algo que un viajero nunca olvida. En la era bíblica, se creía que cuando alguien llegaba de tierras lejanas a hospedarse en su hogar, era una señal del cielo porque se pensaba que eran enviados por Dios. El patriarca Abraham era consciente de eso y lo expresó claramente. En el Capítulo 18 de Génesis se cuenta que tres hombres llegaron y el hombre se postró ante ellos y les pidió que se quedaran en su hogar. Después de que ellos aceptaran, se apresuró an ir a la casa de Sara, donde su esposa le pidió que les hiciera unos panes y luego fue a seleccionar el mejor ganado para ofrecerles una comida. Abraham se mostró feliz y agradecido por el hecho de que el cielo le había enviado tales invitados.

Las personas viven tan rápido en la actualidad que no tienen tiempo para más cosas que trabajar. Sea que vayamos an un país o que recibamos misioneros, las misiones siguen vigentes; debemos ser hospitalarios y no dejar de pensar en ellas. Oremos para que nuestro corazón esté preparado para recibir a los enviados de Dios. Estoy seguro de que el

Señor siempre los bendecirá. Amar a los demás sin hipocresía es necesario. Seamos amables.

El pasaje bíblico de hoy se encuentra en el libro de Hebreos 13: 1-2.

El amor fraternal debe permanecer. No olvides la hospitalidad, ya que algunos hospedaron ángeles sin saberlo por ella.

17

Las pruebas nos reparan.

El Señor le dijo a Simón: "Simón, Simón, Satanás ha pedido que te zarandees como a trigo; pero yo he rogado por ti, que no falte tu fe; y cuando regreses, confirma a tus hermanos".

Dios usa nuestra aparente adversidad como un ingrediente purificador, al igual que el fuego es necesario para purificar el oro. No todas las tormentas en nuestras vidas son causadas por el diablo; en ocasiones, Dios provoca tormentas para corregir nuestras locuras, como lo hizo con Jonás. En ocasiones, la vida nos azota con vientos huracanados para llevarnos an un puerto nuevo y seguro, donde nos esperan situaciones desafiantes que no teníamos planeado ver o experimentar.

Después de un tiempo de estudio y repaso del material, todos los estudiantes deben realizar pruebas. Las pruebas se realizan para determinar si realmente han aprendido algo. Una prueba aprobada indica que ha aprendido, mientras que una reprobada indica que todavía le falta. Debemos confiar en que Jesús es nuestro tutor y nos guiará para que podamos superar las pruebas. Las pruebas traen consigo esos "materiales" que nos ayudarán a construir una vida cristiana basada en la roca, honrando siempre al nombre del Señor. Si está pasando por una noche larga y oscura, no se sorprenda; el alba pronto disipará las tinieblas de sus duras pruebas.

"Amados, no os sorprendáis del fuego de prueba que os ha sobrevenido, como si alguna cosa extraña os haya sucedido, sino gozaos por cuanto sois participantes de los sufrimientos de Cristo, para que también en la revelación de su gloria os gocéis con gran alegría".

La forma sencilla de llevarme en brazos

Un ejercicio. Meditación sobre el tema en cuestión

Para terminar este ejercicio, necesitará algunas habilidades básicas. preparación. Llevar una sábana de papel grande y dibujar un punto del tamaño de una moneda de diez centavos en el centro.

Siéntate en una postura turca conocida como Sukhasana. Los que no pueden sentarse en tal posición, pueden sentarse en la silla, mayo.

Ahora, an una distancia alargada de brazos, adjunta una hoja de papel con un punto en el medio.

Relajarse. Atrás de manera recta.

En el centro de la hoja, mire de cerca el punto. Para evitar que su mirada se "escape", intente concentrarse en un solo punto y abarcar todo el sábana. Concentrarse en este punto durante cinco minutos.

En el transcurso de este ejercicio, puede experimentar fiebre, hormigueo en el cuerpo, "piel de gallina" y cambios en la frecuencia de la respiración: volverse más frecuente y volverse normal. Permita que esto no te asuste.

Realizar este ejercicio con más frecuencia te enseñará a concentrarte, lo que significa que podrás concentrarte en un problema en cualquier momento. Además, podrás ver el problema mucho más claramente, verlo mucho más a fondo y, por lo tanto, resolverlo mucho más eficientemente. Como cualquier otra cosa, mejora mi resistencia al ruido.

Cualquier cosa que hagas será más fácil con una capacidad de concentración profunda. ¿Sigues leyendo? Leerás más rápido y profundizarás en el contenido.

¿Escribes? Si está dispuesto a hacer menos errores, el trabajo será más eficiente. ¿Dirigir? Tus órdenes serán más fáciles de entender y podrás organizar mejor tu trabajo. Incluso es difícil enumerar todos los beneficios que obtendrá al hacer estos ejercicios sencillos con frecuencia.

Una forma absurda de aclarar

2. Ejercicio Meditación sobre la llama del fuego (trattak)

Para realizar este ejercicio, necesitará una vela iluminada.

La posición inicial también, que y en el ejercicio uno.

Coloque una vela encendida con el brazo extendido frente a usted, de modo que el fuego estuviera un poco sobre la línea de tu mirada.

¡Adelante!

Enfoca tu visión en la cima del fuego. (No se apoyó en la vela ni en la mecha, intentó ser visible pero no logró escapar.)

Ver la llama (difícil no parpadear) en para 5 mín.

Una forma de mejorar la visión y aumentar la energía mental

El ejercicio tres

Para el próximo cumplimiento, practique la imagen de las estrellas Erzgamma y la vela necesarias. El momento ideal para realizar este ejercicio es al amanecer, mientras estás en el interior. electricidad apagada. permitirá entrar en un estado meditativo de conciencia, corregir la visión, aumentar el suministro de energía psíquica y también instalar "filtros" para los ojos, la psique y el alma, protegiendo todo el día de las influencias visuales negativas y, por lo tanto, la impronta de los programas negativos.

Siéntese en la silla desde el asiento trasero derecho difícil.

La imagen de la estrella Erzgamma debe estar frente a usted, an una distancia de brazos alargados.

Cerca del dibujo, coloque una vela iluminada para que su fuego no distraiga su mirada, sino que ilumine la imagen de las estrellas.

Reparar la visión de Mia en el punto más alto y agregar estrellas Ertsgamma. Aspirar.

Sostener la respiración y la atención y enfocarse en los 12 rayos estrellas en dirección movimientos de centinela flechas para tratar de no "deslizarse" desde el contorno de las estrellas para la curación.

Cuando regreses al principio, tu mirada se volverá a centrar en las estrellas.

Respire profundamente. Es necesario que mi visión sea centrada en la estrella superior. Sin embargo, inhalar una vez más y completar el párrafo 6.

El circuito de estrellas Erzgamma se enfocó 12 veces desde la demora de la respiración (punto 6).

Reparar la visión en el punto cima. Luego, retrasar la respiración sobre el inhalar y girar el contorno de la estrella en sentido contrario a las agujas del reloj con una mirada enfocada en las flechas (12 una vez).

Por lo tanto, un proceso completo de corrección de la visión incluye doce movimientos. mirada en el sentido de las agujas del reloj y 12 movimientos mirados en reverso.

Recuerda mantener la respiración mientras mueves la mirada. Después de cada contorno completo de la estrella, recupera el aliento. En ese momento, se debe reparar la visión en el haz de estrellas Ertsgamma.

Entre los que realizaron el ejercicio 3 todos los días durante dos semanas, hubo casos de curación completa de la hipermetropía o al menos una mejora significativa de la visión.

Para mejorar la eficiencia de este ejercicio, se debe utilizar un calendario biorritmico (en caso de que necesite hablar con alguien sobre su adquisición de contacto, se le informará sobre el carril de publicidad en el libro final).

El siguiente ejercicio es más difícil que el anterior. Por lo tanto, no le recomiendo que inicie lecciones. Aunque podría hacer una desde ejercicios anteriores, solo puede comenzar cuando lo haya dominado.

12. Meditación mientras escribe

La mayoría de las meditaciones calman tu mente. No deseas que tu mente quede en blanco, sino que deseas concentrarte en un concepto u objeto en particular (como en la meditación de concentración) o deseas concentrar toda tu energía en la experiencia de estar en el ahora. Cuando practicas la meditación escribiendo, puedes hacer cualquiera de las dos.

Este tipo de meditación permite que tus pensamientos subconscientes se conviertan en pensamientos conscientes. Una vez más, deja atrás los problemas del día. No te preocupes por el pasado ni por el futuro. En cambio, te concentras en estar en el presente.

En otras palabras, la meditación a través de la escritura es muy similar an otros tipos de meditación, excepto por el hecho de que básicamente está documentando la sesión en la que meditaste. Estos son dos ejemplos:

Meditación escrita enfocada en un concepto. Aquí puedes concentrarte en un concepto (mira la sección sobre meditación conceptual para encontrar una lista preciosa de conceptos que puedes elegir) en lugar de sentarte tranquilamente y pensar sobre el concepto.

Meditación escrita enfocada en la conciencia plena. Aquí, excepto porque escribes en lugar de simplemente experimentar en silencio, puedes meditar y concentrarte en vivir el ahora. No obstante, se aplican aquí las mismas reglas de la meditación de conciencia plena común. Esto significa que no puedes juzgar lo que estás pensando. En cambio, debes ser un observador neutral.

CONSEJO: Muchas personas confunden el término "observador imparcial". Como se mencionó anteriormente, debes tratar tus pensamientos como nubes que pasan. O imagina que estás viendo una película donde observas los pensamientos y emociones de alguien más. Aunque los reconoces y entiendes, no te apegas an ellos ni los juzgas.

OTRO CONSEJO: escribir cuando medita es más fácil para algunas personas que hacer una simple meditación. Quizás sea porque vivimos en una sociedad en la que siempre debemos estar en movimiento y trabajando. Cuando nos sentamos en silencio, nuestras mentes divagan fácilmente porque estamos acostumbrados an estar en movimiento.

El objetivo principal de practicar cualquier tipo de meditación es, por supuesto, aprender a dejar de lado el estrés y las preocupaciones y simplemente disfrutar del momento (o concentrarse en algo más). El propósito es calmar la mente. Sin embargo, si comienzas meditando escribiendo y luego pasas an otras formas de meditación, puede que sea más fácil apaciguar tu mente.

Si no puede mantener la concentración, no debes sentirte frustrado o vencido. Solo continúa avanzando a pasos pequeños hacia tu objetivo. Es mejor concentrarse en silencio durante unos pocos minutos al día, incluso si tu mente divaga. Y además, cuando te sientas y lo intentes de nuevo mañana, lo harás un poco mejor.

13. Meditación sobre el Chakra

Primero, una nota al margen: si te interesa principalmente la meditación básica, como la meditación de respiración, que es muy relajante, o la meditación de escaneo del cuerpo, entonces algunas de estas otras formas de meditación pueden detenerte. Si no está familiarizado con los chakras y el trabajo energético, la meditación Chakra en particular puede hacerte levantar la ceja.

Y es adecuado. Si esto no es lo tuyo, puedes ignorarlo. Mi objetivo aquí es brindarte una comprensión general de las diversas formas de meditación. Por lo tanto, puedes investigar un poco más las cosas que te interesan. Alternativamente, puedes limitarte a la meditación básica que se describe en este libro.

Regresemos al chakra de la meditación...

Para comprender este tipo de meditación, necesitas conocer los chakras. Los chakras son siete puntos energéticos rotativos (como ruedas) del cuerpo. Estos incluyen:

El chakra de la corona se encuentra en la parte superior de la cabeza.

El tercer ojo o chakra de la frente se encuentra justo por encima de tus ojos.

El chakra ubicado en la garganta.

El chakra del corazón

- El chakra del ombligo

- El chakra sagrado, que incluye la próstata y los ovarios.

- Coxis del chakra base

Se cree que cada uno de estos chakras está relacionado con diferentes colores y funciones corporales, mentales y espirituales.

A pesar de que se ha hablado de los chakras a lo largo de la historia, son más conocidos en el contexto de la medicina, especialmente en la medicina china y la medicina alternativa occidental (como el trabajo con energías).

Se cree que si los chakras están abiertos y en equilibrio, te sentirás bien y saludable. Sin embargo, si no están en equilibrio o si alguno de ellos parece tener una especie de "obstrucción" que impide el libre flujo de energía, te sentirás enfermo, ansioso, apático, irritable, etc.

Hay más de doce meditaciones chakra comunes en la actualidad (y sin duda, infinitas variaciones). Sin embargo, es recomendable concentrarse en su fuerza vital (energía), realizando meditación sobre la energía de cada uno de sus chakras o centrándose únicamente en un chakra.

CONSEJO: Consulte las meditaciones guiadas en http://www.YourBestMeditation.com, que personalmente disfruto y recomiendo. De lo contrario, una revisión general del chakra de la meditación se encuentra a continuación...

Comenzando por el chakra más bajo (el chakra sacro o del coxis) si desea concentrarse en los siete chakras, imagine la energía pura fluyendo libremente dentro y fuera de ese chakra. Hacer lo mismo con cada chakra mientras subes hacia arriba en tu cuerpo durante unos minutos. Después, vuelve a concentrarte durante 30 o 60 segundos en la energía fluyendo dentro y fuera de cada chakra. Mientras te concentras en cada punto del mismo, sé consciente de la experiencia y de cómo se siente tu cuerpo físico.

Tal vez prefieras concentrarte en un solo chakra. Por ejemplo, puede concentrarse en su chakra de la frente, también conocido como el tercer ojo, que está relacionado con la intuición. Puedes comenzar tu meditación con una simple respiración o un escaneo de cuerpo para relajarte. Pon toda tu atención en el chakra de la frente después. Siéntelo abierto. Imagina la energía que entra y sale. Imagina que en respuesta, tu conciencia e intuición aumentan.

14. Meditaciones de Zen

Si la meditación trascendental no es lo primero que viene a la mente, es probable que pienses en la meditación zen. Esta también es una de las formas de meditación más populares y practicadas, quizás debido a que fue popularizada por los monjes budistas.

CONSEJO: Cuando se habla de meditación Zen, a menudo se menciona el zazen. Esta es una palabra japonesa que significa sentarse y meditar.

Debido a que su objetivo es vivir completamente el momento, la meditación Zen es un tipo de meditación de conciencia plena. Cuando te sientas para meditar (especialmente los practicantes avanzados), simplemente te sientas por placer. Para poder vivir completamente en el ahora, debes dejar ir el pasado y el futuro.

NOTA AL MARGEN: Una vez más, puedes comprender por qué comenzar a meditar a veces puede ser difícil para los principiantes. En nuestra sociedad acelerada, rara vez (o nunca) disfrutamos de sentarnos. Siempre volvemos a vivir nuestras glorias o dolores pasados. O nos preocupamos por el futuro o cuánto nos divertiremos la próxima vez.

Considere an un niño pequeño abriendo regalos en su fiesta de cumpleaños como ejemplo. Se pregunta qué habrá mientras abre un regalo. Siempre está pensando en el próximo regalo en lugar de disfrutar del presente, por lo que ni siquiera disfruta del proceso de abrir los regalos.

Y no solo los niños pequeños lo hacen, sino también nosotros. ¿En qué piensas cuando te relajas un poco? ¿De qué hablan tus amigos mientras hablan? ¡No te creería si me dijera que tus pensamientos y conversaciones siempre se centran en el presente!

Para algunas personas, el objetivo de la meditación, especialmente la meditación Zen, es aprender a vivir el momento. No podemos intervenir en el pasado. El futuro aún no ha llegado. Todo lo que tenemos es este momento, así que ¿por qué no disfrutarlo al máximo?

Cuando te sientas, el zazen comienza. Algunas personas adoptan posturas comunes de yoga o meditación, como el semiloto de piernas cruzadas. Sin embargo, si no te sientes cómodo en esta posición, no debes hacerlo. Si lo prefieres, puedes sentarte simplemente en una silla cómoda.

Nota al margen: Las personas que se sientan frecuentemente con las piernas cruzadas probablemente popularizaron la posición de semiloto (y posiciones similares). Por lo tanto, se sienten cómodos en esta posición y meditan naturalmente.

El punto es que para obtener todos los beneficios de la meditación, no tienes por qué doblarte como un pretzel.

El objetivo de la meditación Zen ahora es comprender que el aliento, el cuerpo y el aliento son uno solo. Para sentir esto, relaja tu cuerpo y comienza a concentrarte en tu respiración. Cuenta lentamente desde uno hasta diez mientras inhalas y exhalas para asegurarte de que tu mente no divague.

Hay una variedad de opciones disponibles para usted. Puede inhalar profundamente y contar un uno largo (uuuuuunnnnoooooooo), y luego exhalar lentamente y contar un dos largo. Contar uno al inhalar, exhalar lentamente y luego contar dos en la siguiente inhalación, etcétera. Puede hacerlo al revés, contando uno al inhalar, respirando profundamente, y luego contar dos en la próxima inhalación.

No importa cuál elijas. Lo importante es que continúe contando con su respiración (respirando lenta y profundamente). Si tu mente se desvía (lo hará!), vuelve al número uno y continúa contando hasta llegar a diez.

Esto no es un concurso. En otras palabras, no debes sacar una tarjeta y anotar hasta qué número llegas antes de que tus pensamientos se desvanezcan. El conteo te ayuda a concentrarte en los números y la respiración.

Si estás contando, es fácil reconocer cuando tu mente divaga porque de repente no estás seguro de cuál fue el último número que contaste (y/o te das cuenta de que estabas contando sin prestar atención).

Cuando te encuentres haciendo eso (por ejemplo, cuando tu mente divaga), reconoce el pensamiento y libéralo. Luego vuelve an uno y todo comienza de nuevo.

CONSEJO: Una vez que dominan el zazen, la mayoría de las personas pasan al siguiente paso, que es donde realmente te sientas por el placer de sentarte. Sin embargo, no veas esto como una competencia para avanzar. El conteo con la respiración es tan importante y beneficioso como los ejercicios de meditación avanzados.

Responsabilidad En El Trabajo

En ocasiones tengo la impresión de que el mundo laboral sería completamente diferente si todos nos dedicamos a cumplir con lo que debemos hacer, ya que el crecimiento laboral dependería de las habilidades de gestión que se adquieran en el trabajo a través del desarrollo de sus conocimientos previos, ya sean teóricos o empíricos. Sin embargo, actualmente vivimos en un sistema en el que la valoración del ser humano se limita a los beneficios que puede ofrecer para una determinada actividad.

Por otra parte, por estos días el país puede contemplar mejor lo que viene a ser la desigualdad laboral, el hecho de tener una carrera profesional y no poder hacer nada con él, gracias a nuestros hermanos venezolanos que -según el término de muchos- "nos han invado el país", -y si queremos ser más dramático, como muchos lo han sido a través de los medios de comunicación, desde la oral hasta las redes sociales, podemos decir que- han ingresado tantos que para muchos es una amenaza laboral, ya que -como diría un buen grupo de esos tantos quejones sin acción reflexiva- quitan puestos de trabajos a algunos profesionales y obreros del país, porque son tantos que dan miedo; pero resulta que no se ponen a reflexionar en algo más allá de la simple amenaza a sus puestos o lugares de trabajo, porque -como más o menos diría una amiga mía, Anahí, en su publicación de Facebook:- "esta situación debería servirnos no para andar quejándonos de la amenaza de los puestos de trabajo, sino en las condiciones laborales en las que nos encontramos actualmente, porque en el país, en su mayoría, no existen los puestos laborales formales, ya que la mayoría de puestos de trabajos son informales, debido a que no existe una regulación de las empresas como muchas veces el gobierno suele aparentar en sus discursos populistas"; además, tampoco en los puestos de trabajos formales la dignidad del hombre es tomada en cuenta, razón por la cual se suele violar muchas veces los derechos laborales, como en mi caso, cuando me liquidaron en la universidad donde laboré como asistonto administrativo, es decir, me pagaron menos de lo que me correspondía, razón por la cual tuve que ir an un juicio laboral, dentro de un sistema judicial extremadamente deficiente, porque ya voy casi dos años de juicio y todavía no hay nada, y toca seguir esperando como novio en el altar, donde recuerda que ha vivido emocionándose con la fecha de la boda mientras la novia no llega, porque hasta que cobre, habrán pasado cien mil matrimonios fracasados, aunque con lo que cobre podré pagar varias deudas adquiridas en el tiempo de desempleo, puesto que después de este trabajo y otros dos trabajos fracasados, porque también la dignidad del hombre está por el beneficio del bolsillo del empleador, decidí dedicarme exclusivamente a la escritura y la gestión cultural, algo que en el país no da dinero, peor cuando se quiere hacer las cosas desde el honor, puesto que vivimos en un sistema absolutamente corrupto, tan corrupto que cuando quise ingresar mis libros al plan lector de un colegio, la profesora encargada me pidió una coimisión para los profesores, algo que no accedí, porque eso es corrupción, porque mis libros ingresarían al colegio simplemente por la comisión que se llevaría la profesora encargada por la venta de los libros a los alumnos y no porque realmente ella crea que mis libros sean de utilidad para mejorar su nivel de formación ni de conocimientos.

Bueno, volviendo al tema de la amenaza laboral que representan los venezolanos para muchos peruanos debido a que en el país conseguir un trabajo digno es difícil de por sí, puesto que sin la necesidad del ingreso de los venezolanos la situación laboral en el país ya era difícil de por sí, con su ingreso imagino que será mayor la dificultad, y no porque no haya trabajo sino simplemente porque las condiciones laborales son informales en mayoría, donde se violan los derechos a la salud, asignación familiar, compensación por tiempo de servicios, vacaciones, entre otros; y es más, hasta los sueldos, esos que a veces están por debajo del sueldo mínimo, ese sueldo mínimo que entre comillas el estado establece para que la persona pueda vivir dignamente dentro del país, cosa que ya sabemos que es absolutamente falso, porque con ese sueldo mínimo ninguna persona vive dignamente dentro de un país como el nuestro, porque simplemente lo que se hace con ese dinero es sobrevivir, debido a que tenemos una serie deficiencias en educación, salud, alimentación, seguridad y trabajo, tanto así que en los últimos tiempos estamos consumiendo productos transgénicos, llenos de químicos, porque algunas entidades de salud dicen que no hacen daño a la salud, puesto que estos reciben muchísimo dinero para manipular la información, y todo gracias a que vivimos en un mundo donde los intereses sociales han pasado a segundo o tercero o quien sabe qué plano, porque a los profesionales ya casi no les interesa ejercer su profesión como un servicio social, como un servicio a la comunidad, porque simplemente les interesa su propio beneficio, debido a que en la actualidad nuestra humanidad vive en su propia caverna de ambición y el sistema capitalista y materialista, donde se necesita que todos y todo tenga un precio, razón por la cual las investigaciones alimenticias no se han apuntado hacia el beneficio de la población sino del empresario, para que pueda ganar más dinero, para que sea más rentable; y este es el motivo por el cual venimos consumiendo veneno en las comidas transgénicas. Sin embargo, esto se debe a que cada vez menos personas trabajan en la agricultura, ya que lamentablemente a lo largo de la historia hemos despreciado y depreciado el valor del agricultor en nuestras sociedades. Como sociedad retrasada, seguimos copiando modelos de vida que ya han sido desechados en otros lugares, pero que no funcionan, así como despreciar el valor del agricultor.

Por lo tanto, debido a las deficiencias laborales que existen en el país, creo que debemos comenzar a considerar qué medidas estamos tomando para mejorar los sistemas laborales actuales. ¿Estamos realmente construyendo una nación donde el hombre comprenda el verdadero valor de su dedicación laboral o profesional? Honestamente creo que no, porque el día que comprendamos la importancia de nuestro quehacer en la sociedad, podemos decir que realmente somos un país desarrollado, mientras tanto simplemente somos animales buscando no padecer hambre ni sed, ni tampoco morir de frío ni calor, así como de no andar vestidos solo de nuestra piel como lo hacen los demás animales, simplemente para distinguirnos de los demás, para no sentirnos uno más del montón, simplemente porque somos ciegos de nuestra propia naturaleza y todo gracias a la ignorancia o mediocridad de las cosas o simplemente por la soberbia de las mismas que nos producen una ceguera irremediable, una ceguera que nos transforma en cavernícolas que hacen lo que se les venga en gana, según su condición actual, según su poder hacer, simplemente por puro placer de venganza o de poder, es decir, sin ser grandes, tan grandes como realmente es nuestra humanidad en sí misma; y todo esto gracias a la ambición, el egoísmo y la miseria humana que se nos junta cuando es el hambre y la sed la que habla por nosotros en un puesto de trabajo o en la vida diaria, simplemente para no ser nosotros los que partamos el pan y cimentemos los pilares para construir el castillo de nuestros sueños más cuerdos, donde la humanidad sea engrandecida en la dignidad del hombre bien atendida, que ya nunca más es atropellada.

¿Qué Sucede Mientras Medito?

La medicina contemporánea no afirma que la meditación es efectiva. Sin embargo, no encontrará un médico que recomiende la meditación como la única forma de curar su enfermedad. Sin embargo, los médicos te hablan de la meditación de otras maneras.

Por ejemplo, ¿cuántas veces le dijeron a su médico que el estrés era un problema de salud? ¿O tal vez te dijo que necesitabas relajarte más para lidiar con tus dolores de cabeza, dolores de cabeza o tensión? Su médico dice que lo alienta a relajarse y dejar de lado las preocupaciones. La meditación puede hacer eso por ti.

Sin embargo, el mecanismo detrás de la meditación es totalmente diferente. No muchos realmente comprenden cómo funciona la meditación o por qué es importante que lo sepan. Aprenderá ambos aspectos en este lugar.

Hay pruebas de que la meditación puede cambiar el cuerpo, según estudios. Se ha demostrado que produce un estado de relajación saludable. Tu cuerpo responde de varias maneras físicamente.

1. Tu respiración se controla, se vuelve más suave y profunda.

2. Su ritmo cardíaco disminuye, lo que significa que late más lentamente.

3. Puede ayudar a reducir la cantidad de cortisol plasmático, una hormona del estrés, producida por su cuerpo.

4. Su frecuencia de pulso podría disminuir.

5. Puede mejorar la estimulación de la onda cerebral, lo que te hace sentir relajado. Esto se conoce como electroencefalograma alfa, también conocido como EEG, y está directamente relacionado con la capacidad del cuerpo para relajarse.

La disminución de la tasa metabólica, o la velocidad a la que tu cuerpo consume combustible y lo quema para obtener energía, es probablemente la experiencia física más asombrosa para el cuerpo. En aquellos que tenían tasas metabólicas normales, esta tasa parece haber disminuido en un 20%.

Sin embargo, los cambios físicos durante la meditación no son los únicos. Además, tu cuerpo ingresa an un estado de profundo descanso, que supera cualquier otra etapa de conciencia en la que puedas estar.

Tu cerebro y tu mente estarán muy alertas y en sintonía durante este tiempo. Esto también ha sido demostrado por experimentos médicos. Se les dijo a los pacientes que meditaran mientras se monitoreaba la actividad cerebral.

Hubo indicios de que durante estas pruebas su cerebro estaba en un estado conocido como "estado de alerta reparador", donde estaba completamente y extremadamente alerta, pero tranquilo y concentrado.

También ha demostrado cómo tu cuerpo responde a diferentes estímulos. La mayoría de las personas sienten estímulos que les permiten moverse más rápido, por ejemplo. Pueden ser más creativos. Algunos también pueden comprender an un nivel más alto después de meditar.

Como se mencionó anteriormente, la tasa metabólica del cuerpo disminuye, lo que significa que no come tanto como debería. Los índices metabólicos de los pacientes monitoreados durante la meditación trascendental (TM) eran más bajos que los de los pacientes que estaban en un patrón de sueño profundo.

La frecuencia cardíaca disminuirá en varios latidos por minuto y la frecuencia respiratoria disminuirá en promedio en dos respiraciones por minuto.

El impacto que parecía tener en los pacientes y sus tasas de presión arterial fue otro resultado de la meditación trascendental. Nada cambió en las personas que tenían niveles normales de presión arterial considerados saludables y esos niveles permanecieron bajos. Sin embargo, las personas que comenzaron con índices de presión arterial más altos, superiores a la media y que eran saludables experimentaron una disminución en sus índices. En estos pacientes, disminuyó significativamente.

Este tipo de meditación también probó la relajación de los músculos. Aunque esto puede ser difícil de medir, los médicos administrarán un nivel muy bajo de corriente eléctrica y controlarán la reacción de los músculos de su cuerpo durante algunas pruebas.

Se sabe que las personas que tienen una caída en la resistencia de la piel tienen altos niveles de estrés o tienen ansiedad y tensión. Sin embargo, un aumento en la resistencia indica que tus músculos están extremadamente relajados.

Fue sencillo determinar los efectos de la meditación una vez que se probó. Luego de esta prueba eléctrica, los músculos de las personas que meditaron se relajaron mucho más que los de las personas que no lo hicieron.

La respuesta física

Cuando está o ha estado meditando, el cuerpo experimenta un verdadero cambio físico y mental, como puede ver. Sin embargo, los médicos buscan más información y con frecuencia preguntan por qué la meditación tiene este impacto en el cuerpo y la mente. Explicemos esto un poco más.

El sistema nervioso del individuo se beneficia de la meditación. En lugar de lo que normalmente sucede, una rama distinta de este sistema se hace cargo. La rama parasimpática puede ayudar a relajarse y calmarse.

La cantidad de lactato en tu sangre antes y después de la meditación es otro ejemplo de lo que le sucede al cuerpo. El cuerpo necesita el lactato, una sustancia producida naturalmente. El metabolismo lo produce en los músculos que rodean su esqueleto.

Como ya mencionamos, su tasa metabólica disminuye significativamente cuando meditas porque este nivel de lactato disminuye significativamente. De hecho, tu cuerpo pierde cuatro veces más lactato que si estuviera recostado de espaldas y no hubiera meditado.

Además, la cantidad de lactato producido en tu cuerpo se ajusta al hecho de que tu sangre fluirá más rápido y de manera más efectiva durante y después de la meditación. Debido a que tu sangre fluye más rápido (hasta un 30% en algunos lugares). En otras palabras, tus músculos reciben más oxígeno más rápido.

Tus músculos no producen casi tanto lactato cuando reciben más oxígeno de lo que necesitan. Como resultado, la meditación aumenta el flujo sanguíneo y reduce la tasa metabólica.

¿Duermes?

El cuerpo que experimenta cuando medita es bastante similar al que experimenta cuando duerme. Disminuyen la frecuencia cardíaca y la respiración. Tu cuerpo y tu mente entran en una profunda y relajante relajación.

Sin embargo, ¿estás durmiendo cuando meditas?

La pregunta que muchos se hacen es cómo su cuerpo puede estar tan alerta y relajado. Como puedes ver, cuando meditas, tu cuerpo está muy alerta y no casi duerme.

Cuando medita, su cuerpo entra en un estado de sueño profundo o hipnótico. Eso se debe a que su cuerpo responde a la meditación en todas las formas que hemos mencionado, lo que provoca un estado relajado.

Detrás de todo está tu capacidad para decirle a tu cuerpo y mente que se relajen. Cuando estas cosas ocurren, has aprendido an acceder a la respuesta de relajación de tu cuerpo, lo que te permite controlar cuándo y cómo te relajas.

Además, muchos médicos e investigadores creen que meditar también puede permitir que su propio cuerpo tome las mejores decisiones sobre la curación.

Hay muchas teorías sobre cómo la meditación cambia su cuerpo físico y mental. Es importante que seas consciente del cambio físico y mental que experimenta tu cuerpo. Este cambio se dirige hacia la tranquilidad y la iluminación, que cada persona debería esforzarse por lograr para su estado de ánimo final.

PENSAMIENTOS

Si medita, incluso solo por unos minutos al día, notará una diferencia en su forma de pensar. En ocasiones, la meditación no tiene una justificación, pero siempre tiene un efecto positivo. Las personas tienen diferentes perspectivas sobre la vida. La gente piensa y vive la vida de manera diferente. La programación neurolingüística y la doctrina de Carl Jung describen cuatro tipos de personalidad: pensamiento, sentimiento, sensación e intuición. La visión, el oído y las sensaciones son otras representaciones desarrolladas por otras religiones. Las diversas formas de explicar el pensamiento tienen como objetivo definir los distintos tipos de personalidades en función de las estructuras mentales que tienen. Veamos algunas.

Carl Jung Presenta Cuatro Categorías De Personalidad.

Carl Jung distingue cuatro tipos diferentes de personalidades. Se trata de cuatro perspectivas distintas sobre el mundo. El sistema educativo valora mucho la inteligencia y las habilidades mentales, pero la inteligencia no está relacionada con el tipo de personalidad. Sin embargo, todos los tipos tienen las mismas posibilidades. Algunas culturas no dan mucho valor al pensamiento. Cada uno puede usar cada una de estas funciones. Simplemente preferimos un estilo sobre otro, pero todavía tenemos un segundo en el que podemos confiar. El desarrollo de los cuatro estilos es uno de los principales objetivos del desarrollo de los adultos. Empecemos por el primero para conocerlos un poco más.

la impresión

La sensación es el término que se refiere a la forma en que percibimos los datos del entorno que nos rodea. El olfato, el gusto y la vista son sensaciones. Todos nuestros sentidos están constantemente en uso. La sensación es el centro del proceso mental de una persona sensible. Este tipo de persona aprende mejor haciendo cosas, enfrentando pequeños desafíos para aprender del proceso hasta alcanzar una meta específica porque el aprendizaje se produce a nivel físico. Este sistema ha demostrado ser beneficioso para la educación de los niños. Algunos niños pueden hacer funciones matemáticas con los dedos, mientras que otros pueden ver los problemas de forma abstracta o global.

Pensamiento: el propósito y la importancia

La mayoría de las personas asocian la inteligencia con el pensamiento. El pensamiento, según Carl Jung, es la capacidad de comprender el propósito o el significado de algo. Observar algo no es suficiente. Comprender lo que vemos es crucial. Analizamos, catalogamos y examinamos los datos que se nos ofrecen.

emociones

Cuando Jung habla del proceso de evaluación de un objeto o información, se refiere a los sentimientos. Jung admite que las emociones pueden influir en este proceso, pero habla de lo mental en lugar de lo emocional. ¿Cuáles son mis sentimientos con respecto al objeto es la actividad de dicho juicio? ¿Tiene una opinión? ¿Cuánto? Jung no hace juicios, sino que hace una evaluación objetiva.

intuición

La cuarta función es la intuición. Es cómo conectamos la información con el tiempo. Este proceso mental incluye el futuro. Podemos considerar lo que haremos cuando tengamos un nuevo objeto o cómo podemos incluir un mensaje en nuestros planes. Se utiliza la intuición o la información de las otras tres funciones para predecir el futuro.

Nuestras representaciones en el mundo

Si examinas tu propio proceso de pensamiento, encontrarás más información sobre cómo pensamos los seres humanos. Todo el mundo tiene una forma común de acceder a la información. A nivel de la tipología de Jung, cada uno de nosotros tiene un sentido dominante. Esto indica que no solo somos tipos jungüianos, sino que tenemos una inclinación particular. La representación visual se basa en la visión. Esta afirmación es de gran importancia. Nuestras representaciones determinan cómo analizamos o recibimos información y estímulos externos y cómo las gestionamos.

Los tipos de imágenes

Cuando los tipos visuales piensan en una palabra, tienen más probabilidades de ver una imagen. Los tipos visuales también utilizan palabras visuales para mejorar su lenguaje. Por ejemplo, cuando mencionan comida, prefieren su apariencia que su sabor. Son personas que generalmente llegan a conclusiones basándose en una impresión visual sin investigar el contenido o el significado.

Clasificaciones auditivas

Los sistemas de representación auditiva dependen de sonidos, verbales o de otro tipo. Las personas que son auditivas pueden escuchar las respuestas internas a las preguntas y luego expresarlas en voz alta. Por ejemplo, si puedo elegir un restaurante para comer, mi atención se centrará en el ambiente y los sonidos del lugar, no en la comida. Tal vez se concentre más en los sonidos de los diferentes nombres de los alimentos en función de sus propios ingredientes o sabores. ¿Es mejor cocinar macarrones a la romana o chuletón a la plancha?

Los diferentes tipos de sensaciones percibidas

El tercer tipo se enfoca en las sensaciones. Este tipo de representación examina la sensación que experimenta tu cuerpo. Aunque pueden estar relacionados con las emociones, la clave es la sensación física de tu cuerpo. Si preguntas a las personas cómo se sienten, puede obtener diferentes respuestas. Algunas personas normalmente no se dan cuenta de esto. Debido a que perciben estas necesidades como desagradables y necesitan satisfacerlas como una necesidad de supervivencia, suelen ser impulsivas. Es evidente que han dejado de lado el mundo exterior y se han enfocado en sí mismos.

La felicidad es una forma de enfocarse en el mundo exterior y cambiar su enfoque interior. La felicidad es esencialmente una forma de unir todas las costuras, por lo que se puede decir que es, en realidad, el conjunto de todas las formas de percepción o el equilibrio de todas ellas.

¿Pensar Sin Pensar?

El Zen no ofrece una técnica, sino un camino muy diferente. A pesar de ciertas interpretaciones erróneas que han hecho maestros de Zen, se le llama el camino de la iluminación, o el camino del despertar, y no tiene nada que ver con poner fin al pensamiento.

Por ejemplo, en su introducción a la práctica de zazen, el maestro Dokusho Roshi escribe algo sobre la relajación, que es completamente incierto:

Podemos caer en un estado de relajación física y mental que se caracteriza por una gran actividad inconsciente, muy cercana al sueño, y una falta de tono muscular. En la filosofía zen, este estado se conoce como konchin. Es un estado de somnolencia y confusión. La vigilancia se vuelve inútil y la conciencia se deteriora. El cuerpo pierde tono, la cabeza cae hacia adelante, los dedos pulgares caen y las manos permanecen inertes. La respiración se vuelve completamente subconsciente y se deja llevar por su propio ritmo. Este estado debe evitarse.

En mi opinión, este estado no solo no debe evitarse, sino que es un estado que es altamente recomendable. Aunque es posible que los dedos pulgares se desplomen y las manos queden inertes (aunque yo preferiría decir que están relajadas, ya que no suena tan tétrico), la cabeza no avanza. Sin embargo, es fácil mantener las manos unidas al cuerpo tocando los dedos pulgares. Se debe colocar una tira de tela en forma de cinturón en el abdomen y arropar las manos en la tela, tal como ya mencioné en otro capítulo.

Sin embargo, como afirma Dokusho Roshi, no experimentaremos somnolencia ni falta de claridad. Y, por supuesto, la conciencia no sufre de desgaste. El desprecio por lo que se conoce como konchin no debe hacernos dudar de la importancia de la relajación en la postura de zazen.

He estado tratando de evitar esa postura durante treinta y pico años porque creía que era incorrecta, pero mi cuerpo siempre se inclinaba hacia ella. Comprobaba con una sensación casi de vergüenza que, a pesar de todos mis esfuerzos, mi postura se relajaba. Parece que la mayoría de los maestros de Zen no saben que el cuerpo humano se mueve entre el estado de tensión y el estado de relajación y quieren evitar este último a toda costa. Si consideramos el zazen como una actividad física en la que es necesario aguantar más que los demás (en realidad, para demostrar que soy mejor practicante que ellos), debemos mantener una postura regular mientras meditamos. Nadie puede decidir cuando relajar o tensar la postura. Lo sabe el mismo cuerpo.

De vez en cuando podemos incluso dormir un poco; esto no es malo ni bueno. Normalmente no duermo bien, pero si echamos un tiro en un momento dado, no hay nada que se pueda criticar. Mi deseo es ayudar a que desaparezcan todas las exageraciones que se han infiltrado en el Zen. Aunque el zazen es una forma fantástica de sentarse y meditar, no podemos adoptarlo como una práctica militar. No se trata de mantenerse firme durante tres o cuatro minutos, sino de comprender nuestra postura. ¿Por qué deseamos relajarnos en ocasiones? Debido a nuestra necesidad. ¿Por qué ocasionalmente deseamos sentirnos tensos? Debido a la misma razón. Mi opinión es que pasar de la relajación a la tensión y de la tensión a la relajación es una parte importante de la práctica y no solo un pasatiempo. Quiero aclarar esto a continuación.

Si uno se relaja y libera toda la tensión, experimenta una sensación de bienestar y tranquilidad en la mente. La sensación se acompañará de una respiración profunda y un momento de inactividad mental (pensamiento). Es posible (y incluso común) sentir una sensación suave de profundidad al retirar el cuerpo a la gravedad. La relajación del cuerpo también conduce a la relajación de la mente, por lo que es en este momento de relajación en el que liberamos nuestras tensiones mediante una exhalación suave. Este es un momento crucial para entrar en la profundidad de la conciencia. No necesitamos buscar nada; simplemente debemos darnos cuenta. Es posible que ese sea el momento en que podamos acceder a áreas de nuestro cuerpo como el corazón, donde reside el yo.

Todos los maestros están de acuerdo en que el ego no es el yo. El ego es un yo falso, pero existe un yo real. La meta del zen y de toda religión es encontrarlo, aunque en ocasiones se cree que la meta es encontrar a Dios. El yo genuino no es una ilusión. Cuando se da con él, se sabe que es verdadero. Naturalmente, no es factible observarlo tal como se muestra en la pantalla de una computadora, ya que no es una realidad objetiva. Está tan cerca de nosotros que no podemos ni verlo, ni oírlo, ni percibirlo a través de nuestros sentidos. No podemos atraparlo con la mente. Tampoco Eckhart Tolle habla del testigo. No podemos expresarlo verbalmente. No se puede concebir en la mente. El Zen te lleva an experimentar ese yo profundamente.

No es necesario que detenga el pensamiento para conocer el verdadero yo. Otro error muy común es ese. Es posible que esto cese, sin embargo, no seremos nosotros quienes alcancemos ese objetivo. Muchas personas experimentan un breve kensho mientras practican zazen con un koan. Este es el momento en que se dan cuenta de su verdadero yo sin que el pensamiento haya cesado. En cambio, hay experiencias más profundas en las que el pensamiento parece haber cesado, pero esto no ocurre en todas las situaciones. Si una persona experimenta esa experiencia con una mente agitada, no significa que sea menos genuina. También podemos experimentarlo sin practicar con un koan, simplemente sentándonos. Sin embargo, insisto en que no es necesario superar el pensamiento (recordemos las palabras de Santa Teresa, que cité yo mismo en el capítulo anterior). Sin embargo, ¿qué significa ir más allá del razonamiento? Según Dogen, pensar sin reflexionar. ¿No es pensar después de todo pensar sin pensar? Por lo tanto, insisto en que no intentemos hacer nada con nuestros pensamientos; no busquemos lugares para no pensar; no queremos que cese; no intentemos no pensar. Mi opinión es que sería un error.

La Razón Detrás De La Iluminación

Es imposible entrar en samadhi por nosotros mismos. Podemos pasar treinta años meditando ocho horas al día sin entrar ni una sola vez en samadhi. Sin embargo, otra persona puede entrar en un samadhi profundo sin haberse sentado jamás a meditar. Esto no puede ser explicado. Ocurre de esa manera. Los cristianos afirman que Dios es quien decide, no la persona. Por lo tanto, los místicos cristianos no dejan de repetir que todo depende del Espíritu Santo, que es únicamente Él quien crea experiencias sobrenaturales cuándo y cómo Él quiere. El Evangelio dice: "El viento sopla donde quiere". No vale la pena buscar algo que no podemos lograr. Es una forma de expresarlo, por supuesto. Y a veces, es una forma de no decir nada porque se habla sin saber de lo que se está hablando. Es común que el evangelio se interprete de manera incorrecta.

¿Por qué meditar? Se cuestiona uno. Parece un sinsentido embarcarse en ese viaje si los estados de iluminación no son el resultado de la meditación. Si el Espíritu Santo (o cualquier otro nombre, como el Gran Espíritu de los nativos americanos) lo desea, ocurrirá. Cuando buscaba cristianos en otra ciudad, lo llevó a San Pablo. Según un pasaje del Nuevo Testamento, cuando estaba a caballo, oyó una voz que decía: "¿Por qué me persigues?" Después de caer del caballo, no pudo ver nada. Recuperó la vista después de tres días y se convirtió al cristianismo. En toda su vida, nunca había meditado y sin embargo le sucedió. (Aunque hay ejemplos incluso mejores en el budismo, permíteme usar este de nuestra cultura cristiana clásica en este momento.)

Existen ejemplos mucho más recientes de individuos que han experimentado la iluminación de manera inesperada, sin nunca sentarse a meditar en su vida. Con diez y siete años, Ramana Maharshi, un santo hindú del siglo pasado, decidió resolver el problema de la muerte. Se apoyó en el suelo y intentó suponer que estaba muriendo, pero en cierto momento experimentó una especie de explosión en su cuerpo, lo que lo llevó an un samadhi prolongado. Después de eso, nunca fue el mismo. Abandonó el hogar y se retiró an una montaña sagrada en el sur de la India; allí se estableció y nunca salió de allí. Pero esto no es normal. La mayoría de las personas que practican la meditación no alcanzan la iluminación (al menos en ese grado), por lo que podemos sentirnos decepcionados al saber que posiblemente no seamos elegidos para tal experiencia, lo que nos llevará an abandonar la meditación. Sin embargo, me gustaría expresar mi opinión sobre esto.

Después de eso, diré que hay muchas razones para practicar la meditación, sin importar si lograremos o no experimentar el samadhi completo (la iluminación). Es cierto que, por razones desconocidas, la mayoría de las personas tienen dificultades para experimentar esta experiencia. Es una experiencia que, sin lugar a dudas, podemos llamar sobrenatural, y ese tipo de experiencias no ocurren simplemente por buscarlas.

La mayoría de las personas no saben qué hacer después de experimentar experiencias como esa, que solo ocurren una o dos veces en su vida. Es común que se sientan completamente desorientados durante un período prolongado de tiempo y se pregunten constantemente: "¿por qué me ha sucedido esto?" Quizás no encuentren a nadie en su entorno que pueda comprender lo que han experimentado, y pueden sentirse extremadamente solas. Quizás incluso quieran seguir viviendo como si nada hubiera sucedido, lo que los lleva an estar aún más confusos. En ocasiones, pueden cambiar completamente de vida y convertirse en monjes o algo similar, ingresando an un monasterio, un templo o un ashram.

Hablando de esto, me viene a la mente el Padre Lázaro, quien residía en Australia y experimentó una experiencia similar de manera inesperada cuando visitó un monasterio ortodoxo. Después de esa experiencia, tomó la decisión de renunciar a su empleo como docente en la Universidad y no abandonó el monasterio. (Puede ver an esa persona en YouTube escribiendo "Padre Lázaro" en el buscador.)

Como afirmo, la iluminación carece de una lógica. Es como una lotería: todos tienen al menos un número, pero algunas personas tienen muchos más que otras. Las personas que se convierten en monjes (según cualquier religión) son mucho más comunes que aquellos que no se preocupan por asuntos espirituales. Pero eso no implica que no puedan experimentar una experiencia sobrenatural aquellos que no creen en la espiritualidad. Esto ocurre con frecuencia cuando tienen un accidente o se someten an una operación quirúrgica. Hay innumerables casos de personas que han experimentado una experiencia cercana a la muerte (NDE). Según dicen, de repente se les ha visto salir de su cuerpo y se han visto sentados en la mesa de operaciones, mientras los médicos intentan reanimarlos. Después, ocurrieron cosas extrañas y se encontraron con seres que los guiaron hacia la luz. Algunas hablan de un túnel de luz y cómo su vida pasaba frente a sus ojos al entrar. De repente, regresaron a su cuerpo y volvieron a su vida cotidiana, pero nunca olvidaron lo ocurrido. Sin haberla buscado, esas personas experimentaron una experiencia sobrenatural in extremis. Y probablemente sin estar preparados para ella.

Las drogas alucinógenas son otro caso. Muchas personas en la actualidad experimentan experiencias extraordinarias sin haber ido detrás de ellas cuando tomaron drogas. Pueden ocurrir cuando están bajo la influencia del LSD, por ejemplo. Las percepciones de naturaleza sobrenatural se denominan alucinaciones. No ocurre a todos los que consumen ácido, ni mucho menos. Sin embargo, algunas personas experimentan experiencias de tipo espiritual, percibiendo una dimensión que antes creían que no existía. A partir de ahí, muchas de esas personas comenzaron an interesarse por la meditación. Lamentablemente, algunas personas consumieron otras sustancias como la heroína y perdieron incluso su vida. No garantiza nada tener esa experiencia. Incluso Santa Teresa menciona cómo las personas se pierden después de experimentar una unión con Dios. Aunque la experiencia de iluminación es gratuita, tiene consecuencias. La experiencia no suele ser duradera, pero la persona cambia. Y con frecuencia, aquellos menos preparados para recibirla reciben la experiencia.

El orgullo espiritual que puede surgir después de tener experiencias de iluminación es uno de los mayores riesgos. El que recibe la experiencia puede sentirse muy especial por haberla recibido porque es gratuita. No ha logrado alcanzarla. Nadie puede alcanzarla, al igual que nadie puede saltar a la luna para llegar allí. No obstante, es posible que alguien llegue al satori sin haber practicado el Zen durante unos pocos años, o incluso meses, mientras que otros tardan décadas en lograrlo. Es muy probable que la persona que ha experimentado esa experiencia desarrolle un ego "iluminado" muy peligroso para sí misma y para los demás. (Uno de los mayores desafíos que puede enfrentar un maestro es un discípulo de esa naturaleza)

Es importante que la experiencia de satori se produzca a partir de un entrenamiento prolongado con la práctica de la meditación, y no de manera casual. Si una persona ha estado meditando durante años, se habrá preparado física y mentalmente para la iluminación, que normalmente despierta una gran cantidad de energía espiritual. La mayoría de las veces, esa gran cantidad de energía surge como resultado de la intensa concentración en el hara durante la práctica de la meditación (normalmente con un koan). Si la persona no está preparada, esa energía puede surgir de repente y tener efectos significativos. No se consideran negativos esos efectos, sin embargo, si la persona no está preparada para ellos, puede experimentar un estado dc conciencia agravado durante días que no puede controlar.

Esto es algo que sé por experiencia personal, ya que me ha ocurrido. Hace solo un año que practicaba la meditación con el koan MU cuando tuve una experiencia de satori (lo he contado en otra parte, y no entraré en detalles ahora). Me di cuenta hoy de que estaba en pañales cuando me sucedió eso. La experiencia en cuestión, junto con otras posteriores, causaron en mí una transformación interna que se prolongó durante décadas (y creo que todavía no ha finalizado). No se puede describir la naturaleza de tal experiencia ni los cambios que se producen. En apariencia, no todos los cambios son positivos, al menos cuando ocurren. Luego, uno puede entender muchas cosas que le han sucedido como resultado de esa experiencia. Realmente, no hay mucho más que pueda decirse sobre ello. El viento fluye en la dirección deseada y en la medida en que lo desea. Nadie toma la decisión.

La Meditación puede cambiar tu vida.

Puedes estar pensando en cómo la meditación puede transformar tu vida. Has leído sobre todas las ventajas y los sentimientos que experimentarás, pero ¿por qué te sentirás así y qué debes hacer para estar atento a los cambios? En realidad, encontrarás que la vida es más tranquila. La razón principal de esto es que tiendes a mirar la vida desde una perspectiva diferente, sacando el juicio de las situaciones. Observas mejor y con mayor creatividad, y si quieres una prueba de ello, debes mirar lo que sucede dentro de tu cerebro. Tienes diferentes conceptos en todas partes a medida que creces desde la niñez hasta la adultez. Tus padres te dicen cosas diferentes, los maestros te dicen cosas diferentes y luego vas al trabajo y aprendes más. El cerebro filtra constantemente todos esos pensamientos y percepciones que tienes y los almacena en el subconsciente como recuerdos importantes. Sin embargo, ¿qué ocurre si tienes demasiado en tu mente? Como se mencionó anteriormente, esta se sobrecarga y se estresa, enviando señales que permiten la liberación de cortisol. Sin embargo, en el cerebro ocurre mucho más que eso.

El lóbulo temporal es el lugar más cercano al oído. El área más pequeña en la parte posterior del cerebro se llama lóbulo occipital. El lóbulo frontal, en la parte anterior y superior, es responsable de las funciones sensoriales y motoras del cuerpo humano. Sin embargo, es mucho más complejo que eso, por supuesto. Usando exploraciones de resonancia magnética (RMN), los científicos han observado que el lóbulo frontal permanece inactivo durante la meditación. En otras palabras, como cuando vas a dormir, se detiene el procesamiento de información del mundo alrededor de ti. Las cosas interesantes no terminan aquí. Esto indica que tu cerebro está deteniendo sus funciones lógicas, pero otras partes del cerebro comienzan a responder de manera diferente. Las ondas beta disminuyen la presión sobre la mente. Si alguna vez has estado enfermo por pensar demasiado en algo, debes saber que el lóbulo frontal está tratando de procesar demasiada información. Imagina una habitación llena de cajas que se abren y su contenido se esparce por lo que no puedes entrar a buscar nada en particular. Cuando te sobrepiensas, eso sucede en tu lóbulo frontal.

El lóbulo frontal es el área del cerebro que procesa la información de tu vida y trata de tomar decisiones basándose en eso. La meditación puede aliviar los dolores de cabeza de estrés, ya que puede haber experimentado dolores de cabeza en el pasado. Imagina una computadora sin un cable. El lóbulo parietal, donde experimentas sensaciones de calor y frío, y cualquier actividad sensorial, se enlentece durante la meditación, por lo que es probable que no experimentes dolor o incomodidad. Como resultado, se puede ver que la meditación ayuda a algunas personas a sentirse mejor acerca de la vida en general y a reducir su dolor. La información se filtra a través del tálamo en el cerebro. Cuando meditas, el flujo de información es limitado, en lugar de un mar completo de información fluyendo a través de tu mente.

El enlentecimiento de la información en el cerebro no solo se detiene cuando meditas de manera regular. Si lo practica regularmente, esta limpia la vía para la claridad de pensamiento, incluso después de meditar. Esto implica que el alivio del dolor puede permanecer prolongado. También significa que puedes estar lleno de energía y bienestar durante todo el día. Sara Lazar, una neurocientífica, se encontraba en una situación similar a la tuya. Para ayudarse con su maratón, necesitaba usar la meditación. Ella asistía a clases de yoga para ayudarse y fue sorprendida por cómo cambiaba su enfoque y relaciones con otras personas. Actualmente trabaja como investigadora. Es alguien que está acostumbrado a trabajar con el hecho en lugar de con los sentimientos, pero cuando profundizó más en por qué se sentía mejor, descubrió que la meditación ayudaba a la neuroplasticidad del cerebro y que, aunque había dudado de las afirmaciones de su profesor que decían que se sentiría mejor después de haber practicado la meditación, se volvió optimista basado en la manera en que comenzó a sentirse mejor.

Es cierto que la sorprendió que su perspectiva del mundo cambió después de pocas semanas. Era más compasiva, pasaba más tiempo escuchando an otras personas y sacaba juicios de su vida. Le sorprendió esto. Siendo un neurocientífico, estaba impresionada por lo que la respiración y la meditación podían hacer y quería continuar sus estudios.

Muchos estudios han examinado cómo la meditación influye en el cerebro de las personas que meditan y las personas que no lo hacen. ¿Existirían diferencias? Recuerden que esta investigación fue realizada por alguien que no creía que la meditación pudiera tener un efecto fisiológico en la forma en que se forma o actúa el cerebro.

Cuando llevó sus estudios más lejos e hizo exploraciones con resonancia magnética nuclear (RMN) en personas que meditaban regularmente y en personas que no, descubrió que la neuroplasticidad del cerebro permaneció joven durante el proceso de meditación, incluso en aquellos que tenían más de 50 años. De hecho, la meditación funcionaba como un ejercicio para el cerebro, manteniendo los cerebros de los sujetos jóvenes en lugar de ir a través del proceso de envejecimiento normal asociado con la edad avanzada. Debido a que no estaban convencidos de que las primeras exploraciones revelarían las diferencias entre las personas, volvieron a realizar el experimento, esta vez seleccionando cuidadosamente a personas que no tenían experiencia previa con la meditación. Estas personas fueron seleccionadas específicamente y llevaron a cabo el proceso de entrenamiento en meditación en consciencia plena por primera vez durante ocho semanas. La actividad en el área del hipocampo del cerebro aumentó, lo que sorprendió a los científicos. Esta área se usa para el aprendizaje, la retención y la regulación de emociones, y las escalas se cargaron en el lado de los meditadores en comparación con los que no meditaban. Eso significa que tenían menos probabilidades de experimentar los efectos de la depresión y los cambios de humor, y también tenían una mejor capacidad para controlar sus emociones.

La unión temporo-parietal, que se encuentra justo sobre tu oído, ha demostrado actividad y es en esta área del cerebro donde se maneja la compasión. Por otro lado, la amígdala cerebral, que maneja las respuestas an emergencias y las reacciones de lucha o huida que tienen los humanos para protegerse a sí mismos, se encogió y se encogió. Esto es resultado de la meditación, pero es interesante notar que no fue causado por estrés interno. Esto fue provocado por elementos externos. Por lo tanto, las personas que meditan son más capaces de manejar el estrés externo y tienen menos probabilidades de desarrollar ansiedad y depresión. El video completo está disponible aquí.

Es increíble cómo la meditación cambia tu vida. Te permite disfrutar más de la vida y reducir el estrés. Te hace más consciente del mundo que te rodea y reduce la probabilidad de que te estresen los eventos que normalmente parecen estresantes en tu vida. De hecho, tus respuestas serán mejores porque las cosas que normalmente entristecen el balance de tu vida no te afectarán negativamente porque tu cerebro es más capaz de manejarlas, en lugar de invocar la respuesta de pelea o huída. Tu comportamiento cambia significativamente porque tiendes a ver soluciones a los problemas en lugar de resolver más problemas.

Ya tenemos un capítulo dedicado a los beneficios de la meditación para la salud, pero ¿qué sucede si te digo que la meditación puede hacerte sentir más joven? Puede convencerte de que es así el video arriba. Muchas cosas sobre tu enfoque a la vida cambian con la meditación, y la consciencia plena apoya esos cambios. Vives de una manera diferente adoptando la compasión, el perdón, la habilidad para pensar independientemente de las emociones y te vuelves más flexible en tu enfoque a la vida.

Este libro ofrece una explicación sólida de la meditación y la consciencia plena, con referencias para que puedas ver que nada de esto se basa en suposiciones o mejorías hipotéticas. Incluso las personas que meditan solo por 30 minutos al día experimentan un cambio en sus vidas. Es crucial comprender que incluso si pierdes un día de meditación, ¡puedes estar mejorando tu longevidad tan pronto como regreses y te adhieras an él!

Los cambios en la mente deben notarse durante el primer mes. No hay duda de que la meditación te ayuda porque te sentirás menos estresado, organizado y feliz contigo mismo. Sin embargo, como se señala en todo el libro, el juicio es algo que debes eliminar de tu vida. Es fácil mirar an un mendigo y creer que está allí porque merece estar allí, pero no conoces su historia. La empatía y el abandono del juicio dependen de la compasión. Cada vez que te encuentras en una situación donde normalmente harías un juicio, pregúntate a ti mismo por qué crees que tienes la razón para hacerlo porque es parte de tu carácter que te hace infeliz en lugar de las cosas que son criticadas. Se abre un mundo de comprensión que no era posible cuando te cerrabas a ti mismo y juzgabas an otras personas cuando aprendes la empatía y puedes ponerte en los zapatos de otra persona.

Además, descubrirás que tu vida se vuelve más fácil. Esto puede tener poco sentido, pero te vuelves alguien mejor en lugar de ser tú normalmente. Descubres que eres más feliz, sientes que tienes un propósito en la vida y te abres a ti mismo hacia soluciones creativas para los problemas de la vida, por lo que nada es demasiado para ti. Es una buena idea disminuir la influencia que tienes de la televisión y las redes sociales y dedicar este tiempo a la reflexión o quizás a leer. El filósofo libanés Khalil Gibran, "El Profeta", y "Trabajos" de Rumi son algunas lecturas que puedo recomendarte. Estos son inspiradores y te inspirarán a reflexionar sobre la vida en general. Las personas que se vuelven espiritualmente conscientes también experimentan una mayor sensación de paz en su vida en general. Cuando tu vida está llena de cosas o actividades, es difícil sentir la paz, pero cuando meditas, descubrirás que tienes un sentido de propósito y no necesitas todas las trampas del siglo XXI. Te sientes más feliz con tu vida y eres más amable con los demás.

Este capítulo trata sobre los efectos de la meditación consciente. Tu enfoque en la meditación consciente es muy importante. Es importante recordar que esto es lo que desea para su futuro. Todo lo que puedo hacer es informarte de los beneficios, pero no puedo estar presente para ayudarte cuando tengas dudas. Sin embargo, puedo decirte que la vida cambiará mucho y que serás más cuidadoso con tu vida. Como resultado, es más probable que mantengas una rutina de meditación y utilices la consciencia plena para mantener tu intuición despierta y tus sentidos vivos a todos estos cambios que están pasando constantemente alrededor de ti. Te sentirás más grande naturalmente y en estatura. En otras palabras, aceptará quién es y disfrutará de ser parte de su vida en lugar de estar ausente de ella y luego vivir con el arrepentimiento que esto conlleva.

Este capítulo terminará con algunos pensamientos muy poderosos sobre la meditación y la consciencia plena que pueden ayudarlo a ver la luz y cambiar su vida para mejor.

La meditación tiene raíces profundas y fuertes que se extienden por todo el mundo. La meditación se ha llevado a cabo en Occidente desde hace mucho tiempo, y está estrechamente relacionada con la religión. Sin embargo, las culturas orientales, especialmente la india, china y japonesa, poseen el mayor grado de sutileza, hondura y refinamiento. Con seriedad y rigor, los antiguos eruditos y maestros de estos territorios asumieron la tarea de desarrollar un compendio de principios teóricos y prácticos coherente y completo, que aún hoy en día mantiene su vigor. Es crucial destacar la importancia de la tradición y valorar sus enseñanzas. Es responsabilidad de los maestros actuales y venideros preservar y cuidar este saber ancestral, evitando que se adultere o distorsione. Sin embargo, esta frase no está en desacuerdo con la intención de continuar mejorando y, en la medida de nuestra capacidad, compartir nuevo conocimiento.

Por lo tanto, es posible localizar el origen de nuestra disciplina en China, India y Japón. La situación histórica y cultural que rodea una perspectiva diacrónica de la meditación merece un análisis más profundo y detallado. La narración y el examen de los eventos y personajes de este relato emocionante son, sin duda, una experiencia fascinante que justifica la creación de numerosos libros similares. Por suerte, hay numerosas publicaciones que profundizan en estos temas y ofrecen una amplia variedad de anécdotas, aforismos y cuentos tradicionales con una gran riqueza intelectual y moral que satisfarán con creces la curiosidad más exigente. Además, es factible encontrar una gran cantidad de literatura más rigurosa y académica, que describe los acontecimientos históricos que señalan el desarrollo de la meditación en diversas épocas y lugares. El deseo de permitir que el discurso fluya temporalmente por este cauce tan amplio y profundo es fuerte. Sin embargo, es necesario mantener la cabeza en alto y enfocar mi atención en la ruta previamente establecida como punto central de este libro. Es importante que un manual sea conciso y educativo, evitando abarcar demasiados detalles y nombres, aunque puedan ser atractivos. Por lo tanto, me limitaré a resumir una serie de ideas y hechos, con el único propósito de reforzar y dar coherencia a los capítulos siguientes, que incluyen el método para comenzar a practicar meditación. Desde estas líneas, sugiero al lector que lea e investigue por su cuenta si desea profundizar en el contenido de los apartados siguientes.

Taoísmo

En el mundo del conocimiento, cada día se agrega algo nuevo, según uno de los axiomas taoístas más conocidos. Cada día se libera algo en el camino del Tao. Estas palabras son una máxima poética y un aforismo complejo que encierra una visión particular del individuo y del mundo que lo rodea, y reflejan a la perfección el alma del taoísmo filosófico.

Sin embargo, ¿cómo se define el taoísmo? En primer lugar, es crucial distinguir el taoísmo filosófico del taoísmo religioso, los cuales surgieron en diferentes momentos históricos en China. A pesar de lo que muchos textos sugieren, el segundo no es completamente sustituto del primero. Obviamente, la componente religiosa se extendió más ampliamente y fue responsable de modificar en gran medida las ideas previas. Sin embargo, muchas corrientes del taoísmo original no fueron completamente absorbidas. En realidad, siguen existiendo en la actualidad a través de una variedad de manifestaciones artísticas y culturales.

Los textos del taoísmo original se remontan al siglo VI a. e. La fecha en la que se escribió el famoso Tao Te Ching, también conocido como Daodejing, cuya autoría se atribuye a Lao Tse. Este filósofo es considerado el padre intelectual del taoísmo, junto con Chuang Tse, también conocido como Zhuangzi. Sin embargo, sin entrar en detalles, tanto la autoría del libro como la posible fecha de su redacción están en duda debido a los datos proporcionados por varias investigaciones recientes. De todas formas, no es una cuestión relevante para comprender los principios que menciono en este apartado.

El término "Tao Te Ching" se refiere al "libro clásico del camino a la virtud". Tiene dos partes y contiene la idea del universo que sustenta la filosofía taoísta. Además, es tanto un texto moral como un manifiesto político. Es un texto que puede parecer ambiguo en sus planteamientos y misterioso en su redacción a nuestros ojos. Sin embargo, cualquier persona que sienta curiosidad o atracción por la cultura china clásica debe leerlo.

Además, es importante destacar que el verdadero origen del taoísmo se remonta a tiempos muy antiguos y se oculta en el tiempo. Dado que su desarrollo y transmisión fueron de carácter oral, a través de ritos folklóricos, es imposible investigar en este particular más allá de la mera especulación y lo recogido por algunos historiadores.

La cuestión más importante para ceñir el contenido de este apartado a los objetivos del libro es aclarar qué es el Tao, concepto que da forma y esencia a todo un sistema de pensamiento. El término tao se traduce literalmente como "camino". Sin embargo, en la gran riqueza de la cultura china clásica, la literalidad tiene una importancia relativa. Es necesario ampliar la traducción concisa del vocablo para facilitar la comprensión de estas ideas por parte de la mentalidad propia del siglo XXI. El Tao es tanto el camino como el destino, la verdadera realidad que engloba y define todo. Es la energía conciliadora que equilibra las fuerzas Yin y Yang, que son las fuerzas activas y pasivas que impulsan la dinámica del universo. Para mejorar la comprensión de estas sugerencias, particularmente la última, es necesario relacionarlas con las enseñanzas del I Ching, también conocido como el Libro de los Cambios o Libro de las Mutaciones. Desde hace siglos, este libro ha servido de inspiración para una variedad de iniciativas artísticas y culturales. El I Ching también proporciona un mapa del universo y sus procesos, que sirve como base para los principios taoístas clásicos. No obstante, en última instancia, se trata de una predicción.

El objetivo principal del taoísmo es llevar al ser humano an un estado de armonía absoluta que conduce a la asimilación recíproca entre el universo y el individuo, lo que conduce a la inmortalidad y la transcendencia. Es indudable que estos conceptos fueron innovadores en su momento y lugar, adelantándose en varios siglos an otros movimientos que compartían el mismo concepto de individualismo como pilar de la evolución humana, siendo el antropocentrismo italiano el más conocido. En mi opinión, este enfoque sigue siendo innovador incluso en la actualidad. Es factible que lo sea cada vez más. Este hecho podría explicar por qué tantas personas se sienten atraídas por el pensamiento taoísta, sus ideas, su lenguaje y los problemas que plantea.

La meditación adquiere un papel fundamental como herramienta para alcanzar los objetivos más elevados a los que puede aspirar el ser humano, como la inmortalidad, dentro de la interpretación del taoísmo de la vida y del mundo. La idea de la inmortalidad es comparable a la iluminación budista o la santidad cristiana, aunque se pueden comparar.

Hacer de la subjetividad y la objetividad una sola cosa es lo que significa la transcendencia para lograr la inmortalidad. Para armonizar la vibración disonante de la energía propia con el Chi eterno del universo, anule la vibración disonante. rompiendo las cadenas de la identidad y mezclándose con todo. Sin embargo, tanto el universo como lo absoluto, así como la propia persona, están en constante transformación. Por lo tanto, es necesario que el ser humano sea capaz de seguir el camino del Tao adaptándose an ese constante cambio. No oponiéndose an él, sino cuidando sus cuidados y superándose a sí mismo.

Estas ideas son poéticas, ambiguas y abstractas. Considero que es mucho más interesante que el lector no solo se deje llevar por el intelecto, sino que también rinda estímulo a sus emociones e imaginación al dirigir la mirada hacia esta filosofía, a pesar de que podría haberlas expuesto con una prosa más sencilla y concreta.

Como se puede inferir fácilmente de lo discutido en este apartado, el taoísmo original se caracteriza por ser un sistema de pensamiento profundo y abierto. Se trata de una joya intelectual excepcional creada con gran cuidado a partir del conocimiento y el espíritu de superación de sabios antiguos. Las herramientas de autoanálisis más efectivas para la meditación se crean y refinan a partir de ese impulso, de la búsqueda constante de conocimiento metafísico y de la evaluación constante del papel del ser humano en el esquema inefable del cosmos. Esta afirmación es muy arriesgada, y muchas personas lo negarán argumentando que las escuelas Zen posteriores, o la propia meditación consustancial al yoga, tienen mucho que refutar. No lo negaré. Todas las disciplinas que se proponen desde la humildad y el rigor son igualmente dignas de respeto y merecen ser examinadas minuciosamente. No obstante, al observar la historia, resulta evidente que los momentos más destacados de la sabiduría humana se relacionaron siempre con la búsqueda del conocimiento por sí mismo, sin estar limitado por las creencias religiosas y sin tener en cuenta intereses posteriores. Como se mencionó anteriormente, las corrientes originales, eminentemente filosóficas, se vieron impregnadas gradualmente por principios religiosos. De hecho, la evolución del propio taoísmo puede servir como ejemplo para este comentario. A partir del sistema original, se creó un nuevo tipo de taoísmo religioso, más práctico, que incluyó elementos del budismo y el confucianismo. Este nuevo tipo de taoísmo se impuso a la corriente original no solo de manera natural, sino también debido al interés de sus promotores. No cabe duda de que esta explicación de las cosas es una simplificación de los hechos con muchas aristas. Sin embargo, es innegable que el pensamiento taoísta alcanzó sus niveles más altos de sofisticación intelectual antes de la transformación religiosa, que tuvo lugar durante la dinastía Song (960-1280).

Sin embargo, es importante mencionar la contribución de los investigadores taoístas al desarrollo de otras disciplinas, como la medicina tradicional. A pesar de esto, para mantener la precisión, es esencial ampliar el marco de referencia en el análisis y considerar todos los elementos relacionados con los avances en esos y otros campos de estudio, así como la evolución lógica de cualquier civilización, incluyendo la china.

Por último, pero no menos importante, la meditación taoísta es una herramienta precisa para el autoconocimiento. Escudo ante uno mismo y arma contra la incertidumbre frente a lo desconocido. En la tercera parte del libro, explicaré algunos de sus métodos.

Budismo

La mayoría de las escuelas de meditación más conocidas provienen del budismo, lo cual es un hecho muy natural considerando la gran influencia y expansión de esta religión en el continente asiático. El origen del budismo original se encuentra en la India, donde se desarrolló el culto a la figura de Buda Gautama entre los siglos VI y IV a. e. c., para luego conquistar China y Japón, integrando sus principios con otros credos y creencias. Al igual que en el apartado anterior, nos encontramos con una historia emocionante cuyo desarrollo detallado debe ser ignorado para lograr una síntesis didáctica. En estas líneas se explican de manera breve algunas ideas generales con el fin de facilitar la comprensión de algunos conceptos específicos que están directamente relacionados con el estudio de la meditación.

Una de las características del budismo, que a menudo resulta sorprendente para la mentalidad occidental, es que tiene una actitud abierta y completamente indiferente hacia la persona, sus pensamientos y experiencias. Quizás sea más apropiado definir el budismo contemporáneo como una filosofía espiritual, ya que es de esta manera que muchos lo han interpretado desde hace siglos y sigue siendo así en la actualidad. Sin embargo, también es una religión muy bien organizada y estructurada que, como tantas otras, ha sido devaluada y puesta al servicio de imperios y gobiernos en muchas ocasiones. El budismo, la religión y la doctrina espiritual coexisten en la mayoría del mundo.

En el budismo, la meditación es una forma de lograr la liberación y la iluminación. Basándose en las enseñanzas de Buda, los seguidores de la religión budista buscan liberarse del sufrimiento que es parte de la naturaleza humana y la angustia causada por la falta de control sobre las propias emociones y sentimientos. La idea básica sirve como el camino que, una vez recorrido, permite que la persona escape al continuo ciclo de reencarnaciones que purifica el alma humana en el mundo. Esta explicación tan breve deja de lado muchos temas importantes y termina siendo un resumen demasiado corto. Sin embargo, proporciona una idea general en la que el lector puede profundizar en un título específico si lo desea.

No todas las sectas del budismo han alcanzado el mismo nivel de profundidad en el campo de la meditación en el amplio contexto de la religión. Se trata de un hecho definido por su contexto histórico y por la relevancia que ha adquirido en la práctica. En cualquier caso, existen numerosas corrientes y orígenes significativos que deben ser examinados minuciosamente, absorbiendo las numerosas enseñanzas que valoran. Tres de ellos son notables. En primer lugar, los sistemas relacionados con el yoga se destacan por naturaleza. La India es considerada como la cuna del budismo, y el yoga es uno de los mayores aportes del budismo al conocimiento universal.

Otro de los puntos de vista más relevantes an este respecto proviene del templo Shaolin y se remonta a la época en que Da Mo, o Bodhidharma, desarrolló el budismo Chan y escribió los famosos Tratado del cambio de músculo / tendón y Tratado del lavado de médula / cerebro. Los títulos originales de estos libros son Yi Jin Jing y Xi Sui Jing, respectivamente. Es importante destacar que tanto la creación de estos escritos, que son fundamentales para el Chi Kung teórico, como la influencia de Da Mo en el desarrollo de las artes marciales chinas, son objeto de discusión constante. Sin embargo, no hay duda del valor del contenido específico de estas enseñanzas. Es importante destacar que esta rama de la meditación es esencial para la cultura Chi Kung predominante en la orden Shaolin. En otras palabras, este trabajo está diseñado y elaborado desde la perspectiva del Chi Kung interno, o Nei Dan. Aunque este comentario no tiene un impacto directo en la comprensión del contenido de este libro, es interesante tener en cuenta que las diferencias entre las diferentes escuelas de pensamiento marcan notables diferencias en las diversas formas en que se plantea y lleva a cabo la práctica de la meditación.

El sistema Zazen japonés es la tercera vía que quiero destacar. El término "zen" proviene del apócope de la palabra china "channa", que significa "meditación" en japonés. Es posible que se llegue a la conclusión de que la meditación Zen es simplemente una extrapolación del chino a la cultura nipona como resultado de esta incorporación idiomática del chino al japonés. No obstante, los Maestros japoneses crearon su propia interpretación de esta disciplina, la cual se relaciona también con otras corrientes, como la tibetana, y ofrece una perspectiva única y profundamente profunda. La meditación Zen enfatiza la sabiduría más allá de la razón y, por lo tanto, la comprensión de la verdad desde una conciencia clara. Estos conceptos, algunos de los cuales son de naturaleza axiomática, son muy amplios y complejos y son una parte importante de la base teórica de la meditación. Para aquellos que buscan avanzar en el camino del autoconocimiento, la metodología Zen es sin duda una de las opciones más interesantes.

Por lo tanto, los avances alcanzados a través del enfoque Zen son comparables con las contribuciones del taoísmo original. Devuelve intensidad y fuerza a la llama de la sabiduría ancestral, lo que nos permite leer la tradición con mayor claridad en una infatigable búsqueda espiritual del conocimiento por el conocimiento.

Según lo explicado en este breve resumen, podemos concluir que estamos bajo la sombra de un árbol capaz de florecer en una variedad de colores porque sus raíces se hunden en sustratos distantes y variados. No obstante, la esencia permanece idéntica. Aunque el origen y el destino permanecen invariables, existen numerosos caminos y ríos que conectan ambas direcciones, y cada individuo tiene la libertad de elegir el camino que prefiera seguir.

Un Breve Comentario

Este apartado del libro no solo proporciona un marco de referencia para el estudio, sino que también sirven como argumento para formular algunas preguntas. Estas preguntas me han ayudado a comprender mejor la meditación y enseñarla a mis alumnos de una manera que creo que es más eficaz y realista. ¿Es factible encontrar un equilibrio entre la tradición y la práctica?, ¿se pueden aplicar las características que definen la práctica tradicional a la sociedad actual?¿Aún se mantienen en vigor los principios y valores de la meditación para las generaciones que han nacido bajo el dominio de la tecnología y la automatización en muchos aspectos de la vida? La búsqueda de respuestas an estos y otros problemas ayuda an introducir con éxito la meditación tradicional en culturas que están muy lejos de su contexto original. Aunque es muy complicado, creo que encontrar la intersección entre la tradición y la modernidad es una de las claves para obtener resultados satisfactorios, especialmente durante las primeras experiencias con esta disciplina. Comprender que nosotros no somos monjes budistas o taoístas, a mi juicio, es uno de los elementos más importantes para plantear una solución más completa de esta dicotomía. Vivimos no en una montaña solitaria aislada, dedicando todo nuestro tiempo a la búsqueda de la iluminación y la trascendencia. Hay hipotecas, atascos de tránsito, jefes, impuestos y despertadores en nuestra vida. Además, toda la literatura filosófica y espiritual que se describe en este capítulo tiene una conexión directa con nuestra cultura y tradiciones. Por lo tanto, intentar comprender el papel de anacoreta iluminado a tiempo parcial no sería más que un engaño y un ejercicio inútil, tan inútil e improductivo como buscar el Nirvana para disfrutarlo en una hora, entre la salida del trabajo y la hora de recoger a los niños al colegio. No niego que este tipo de enseñanzas puedan ser efectivas y, sobre todo, brindar consuelo al especialista: es importante no subestimar el poder de la autosugestión. El verdadero progreso, por otro lado, es más difícil y lento y debe basarse en el estudio y la evaluación de los resultados. En caso contrario, la probabilidad de quedarse en la ignorancia aumenta significativamente. En mi opinión, abordar el aprendizaje desde una perspectiva realista y consistente con nuestro modo de vida permite una progresión más sólida y ordenada. La premisa fundamental de este comentario es que los medios sustituyen al fin. Si se les pregunta a las personas interesadas en iniciarse en la práctica de la meditación cuáles son sus motivaciones y qué esperan obtener a cambio de su tiempo y dedicación, la mayoría tiende a responder que librarse del estrés, equilibrar su mente, encontrar paz interior o relajarse, entre otras cosas. En otras palabras, lo que realmente quieren es alcanzar un estado diferente al habitual que aporte uno o varios de estos elementos a sus vidas y les permita mejorar y crecer. Sin embargo, la meditación nunca ha llegado an este punto. También debo mencionar que nunca he conocido a nadie que me haya sugerido alcanzar la universidad como meta a lograr en las clases. Por lo tanto, se puede concluir que emplear de manera práctica y constante los métodos tradicionales, cuya intención original era elevar el espíritu hasta alcanzar la iluminación, así como pulir los aspectos concretos que cada estudiante desea poner en valor en su camino personal para lograr sus objetivos individuales, es una manera sana y consecuente de establecer la base para avanzar con firmeza y eficiencia en el aprendizaje. En otras palabras, para la mayoría de las personas, los medios utilizados por los monjes budistas y los eruditos taoístas para lograr sus objetivos son un fin en sí mismo que les permite conocer mejor su interior y acercarse al verdadero equilibrio.

Repito que estoy exponiendo mi punto de vista personal. Estos son los resultados a los que he llegado después de muchos años de estudio y de haber colaborado con muchos estudiantes de todas las edades, creencias e intereses. Si esto fuera un foro de debate en lugar de un libro, soy consciente de que muchas personas estarían en desacuerdo con lo que acabo de explicar, y así me lo harían saber. Incluso desde la discrepancia, o especialmente desde la discrepancia, creo que son palabras que merecen reflexión.

Con respecto a las ideas y preguntas que suscitan los apuntes históricos que presento en este capítulo, me gustaría hacer un paréntesis para discutir una cuestión específica que toda persona interesada en la meditación probablemente haya visto en algún momento de su experiencia personal. Como resultado del éxito en Occidente de ciertas disciplinas relacionadas con el budismo, como el yoga o la meditación Zazen, se ha proyectado una gran luz sobre Occidente que nos muestra el compendio de la sabiduría budista. Sin embargo, la influencia que se produce es igualmente significativa. Al influir esa sombra, nuestra mente se ve impulsada an aislar los aspectos más atractivos y exóticos de una cultura que nos es completamente ajena, mezclarlos para disfrutar y llegar a conclusiones que nos convengan. En el mejor de los casos, esta dinámica conduce a criterios arbitrarios y leyendas absurdas; en el peor, conduce a la proliferación de expertos falsos que se benefician de los problemas de los demás. La persistente naturaleza de este fenómeno es una pura paradoja. En la actualidad, con la ayuda de recursos como Internet, es posible obtener información sobre cualquier tema y profundizar en cualquier disciplina. Como resultado, la ignorancia es una desafortunada elección voluntaria. Es cierto que se trata de una actitud que en ocasiones es inconsciente e impuesta por un ritmo de vida frenético, el bombardeo constante de información, y otras causas. Sin embargo, se debe eliminar esta disposición perjudicial en un acto de responsabilidad intelectual.

Si bien esta afirmación es precisa y demostrable, también hay una gran cantidad de profesionales calificados que desempeñan su trabajo con honestidad y rigurosidad. En mi opinión, es responsabilidad del interesado invertir tiempo en identificar y encontrar an uno de estos profesionales para evitar ponerse en manos de vendedores y charlatanes de segunda fila, incluso si son una opción más económica o están cerca de nuestra casa o lugar de trabajo.

De esta manera, será mucho más fácil obtener enseñanzas útiles y adecuadas. La importancia no radica en la variedad de sistemas de creencias, escuelas de pensamiento, ramas y linajes, sino en el trabajo cuidadoso y competente del instructor y del estudiante.

Recuerda Tus Sueños.

Mantener el recuerdo del mundo onírico al despertar es uno de los principales desafíos. El sueño, ya sea lúcido o inconsciente, debe recordarse y anotarse con el mayor detalle posible. Si te despiertas durante la noche y necesitas escribir algo en la hoja de papel y un lápiz cerca de la cama, puedes escribir lo que puedas, incluso con pocas palabras, arreglar los elementos que posiblemente hayas notado o los diálogos que has tenido. Cuando estés completamente despierto por la mañana, escribe tu sueño en un cuaderno para que puedas leerlo de nuevo. Algunos sueños persisten durante varias noches, como los episodios de una serie de televisión, mientras que otros se repiten.

Al despertar, una forma de recordar el sueño y evitar perderlo es mantener los ojos cerrados durante un par de minutos. En primer lugar, no debes tener prisa por comenzar el día, especialmente desde el punto de vista mental, ya que es la mejor manera de olvidar el sueño. Para que las imágenes de la noche pierdan consistencia, es necesario permanecer unos minutos en esa dimensión entre la vigilia y el sueño, y antes de que esto suceda, deben fijarse en la mente consciente.

Este tipo de ejercicio mental es esencial para alcanzar sueños claros. Si te despiertas durante la noche por necesidades fisiológicas o sed, es importante no saltar de la cama de inmediato. Debes detenerte un momento, recordar el sueño y tomar el papel que queda en la mesilla de noche y escribir las 4 o 5 palabras que necesitarás por la mañana. Después de eso, podrás levantarte.

Además, debe crear sus mantras, esos hábitos que ayudan a hacer que recordar los sueños sea un proceso cada vez más automático y diario.

El Mundo Del Oxígeno.

Las experiencias comunes de los soñadores

Las pesadillas se basan en miedos u otras emociones negativas del mundo real, por lo que se deben eliminar. La mejor forma de conocerte a ti mismo es tomar nota de tus miedos, reconocerlos y admitirlos. Hacer todo esto no significa dejar de tener miedo; significa tener las herramientas para contrarrestarlos cuando aparecen, y esto solo es posible sabiendo reconocerlos.

La ansiedad de tener que hacer algo pero no poder hacerlo porque tienes obstáculos en tus movimientos, como huir y no poder correr, es un tema recurrente en las pesadillas. Recuerda que en el mundo onírico no tienes cuerpo físico, por lo que el obstáculo es solo mental y se resuelve recuperando el control de uno mismo y enfrentando lo que uno huye.

Recuerdo un sueño en el que intentaba escapar de ciertos temas en vano, pero era mi miedo lo que me hacía despertar del sueño. Me detuve an observarlos antes de comenzar a perseguirlos. Ese sueño fue muy beneficioso para mí porque cada vez que me encuentro impedido en mis movimientos físicos, me doy cuenta de que estoy en el mundo de los sueños.

Otra situación recurrente son los lugares familiares, que conoces perfectamente, pero que no sabes qué son al despertar. Puede ocurrir lo mismo con las personas; quizás también conocemos a alguien en el mundo físico pero cuya apariencia no es la misma de siempre, o puede haber una presencia familiar que no existe en el mundo físico. Me pregunto si los sueños no son puertas a vidas pasadas; No puedo decirlo, pero creo que es una pregunta que vale la pena investigar.

Cuando me encuentro en situaciones de este tipo, en las que un lugar o una persona me resulta familiar, trato de establecer un contacto, hago preguntas, observo los detalles, a veces también trato de reflejarme para ver si mi apariencia es la misma o si soy una persona diferente.

La última situación que quiero mencionar es la del cuerpo astral; a menudo puede causar mucho miedo, pero si se reconoce, puede convertirse en la experiencia más fascinante. Con frecuencia comienza con la conciencia de que estás dormido en tu cama y estás paralizado, obviamente porque tu cuerpo físico se encuentra en un estado de parálisis del sueño, por lo que no responde, y al mismo tiempo te embarga una fuerte ansiedad o terror porque generalmente se siente un peligro en esta situación. La respuesta típica es despertarse y tratar de pelear. Hay personas que se encuentran junto a su cama y observan mientras duermen. Reconocer que se encuentra en un estado más allá del sueño es la mejor manera de resolver la situación. El objetivo final al que aspirar es poder controlar el cuerpo astral, también conocido como cuerpo sutil, que es la esencia de lo que llamamos alma. En este estado, uno puede explorar el mundo físico sin tener un cuerpo.

La Sensación.

Cromoterapia, Aromaterapia Y Musicoterapia.

La Musicoterapia, La Aromaterapia Y La Cromoterapia Son Otros Recursos Útiles Para Expresar Mejor La Experiencia Sensorial De La Meditación Profunda Y Hacerla Más Efectiva.

En Cuanto A La Música, No Me Refiero Al Rock O Al Pop, Mucho Menos A La Radio U Otros Géneros Musicales De Moda, Sino An Escuchar Melodías Relajantes, Si Es Posible, A 432mhz En Lugar De 440mhz. En Internet Hay Canales Web Que Ofrecen Una Variedad De Armonías Para Escuchar Mientras Medita. En Muchos Casos, También Es Posible Agregar Sonidos Naturales Como El Agua, El Canto De Los Pájaros, Las Hojas Movidas Por El Viento, Todos Los Cuales Ayudan A Calmar La Mente Y Alejarla De Los Pensamientos Cotidianos.

Además, Puedes Ayudar Al Efecto Sonoro Con Tu Olfato O Usar Un Quemador De Esencias Con Aceites Para Crear Esa Atmósfera Que Agrega El Estímulo Adecuado Para Lograr El Estado De Relajación Necesario. Como Siempre, Invito Al Lector A Profundizar En El Tema De Forma Independiente Y Recordar Con La Mayor Frecuencia Posible El Motivo Detrás De Este Estudio, Ya Que El Ayurveda Puede Ayudar En Este Caso. Cada Persona Tiene Su Propio Estado De Ánimo, Que Puede Cambiar Con El Tiempo, Así Como Su Constitución Física Y Los Desequilibrios Que Pueden Estar Presentes En Un Momento En Particular. Por Lo Tanto, El Ayurveda Puede Ayudar A Comprender Mejor Qué Perfumes Están Relacionados Con La Meditación En Base A Cuál Es La Evolución Personal Que Se Está Produciendo En Cada Momento.

La Elección De La Luz, Tanto De Su Intensidad Como De Su Color, Puede Tener Un Efecto Tanto En La Meditación Como En El Trabajo Y En El Hogar, Por Lo Que Te Sugiero Que Consideres Comprar Bombillas Led Multicolores Y De Diferentes Potencias Para Estar Siempre Rodeado De Un Ambiente Acogedor.

El Último Componente Que Agregué A Mi Camino Personal Es La Aromaterapia, Y Debo Admitir Que Ha Resultado Sorprendente Tanto Como Ayuda En La Meditación Como Como Relajante. Mucho Más Allá De Mis Expectativas, Respeto La Música Y Prefiero Los Sonidos De La Naturaleza, Especialmente El Crepitar Del Fuego Con Un Fondo De Agua Corriente.

Escriba tus sueños y experiencias.

Un cuaderno siempre es útil, especialmente cuando se están iniciando en la meditación y los sueños claros. Con el tiempo, el uso del cuaderno se vuelve menos necesario, pero pueden surgir situaciones nuevas para las que siempre es buena idea anotarlas. Además, obtenga resaltadores de varios colores; es fundamental tener el rojo, el verde y el azul, junto con cualquier otro color que elijas.

Todos los elementos positivos se señalan con el verde en relación a la parte sensorial, mientras que los elementos negativos se señalan con el rojo y los extraordinarios con el azul. De vez en cuando se pueden usar combinaciones bicromáticas para distinguir situaciones específicas, como alegre positivo, emocionante extraordinario, interesante negativo y repelente negativo.

Aquí está la lista de lo que es apropiado anotarse:

- fecha, útil para tener un historial para evaluar diferentes resultados a lo largo del tiempo.

- nutrición, comparar lo que comiste un día y relacionarlo con la reacción emocional puede ayudarte an encontrar alimentos que te causen molestias, con el tiempo comprobar si junto con eventos negativos ha habido alimentos recurrentes, marcar incluso si has digerido bien, si has comido algo particularmente agradable o desagradable.

- eventos específicos, como fiestas, una reunión con amigos, una cena agradable, una conversación, un problema en el trabajo

- estado de ánimo previo a la meditación

- estado de ánimo después de un período de meditación.

- el número de horas que se ayuno antes de meditar.

- El tipo de música que escuchas mientras meditas.

- el olor que experimentas mientras meditas

Durante la meditación, se realizaron observaciones sobre los diferentes Chakras u otras partes del cuerpo, como un punto que no generó hormigueo ni generó un exceso de este.

¿Cuál fue tu sueño durante la noche?

cualquier enfermedad que pueda haber experimentado durante el día, incluso un simple dolor de cabeza.

Además, deja espacio para incluir cualquier nota que desee tener en cuenta en el futuro, posiblemente en relación con eventos imprevistos.

Al final de este capítulo, agrego que cuando escribas en el cuaderno, repite tu mantra de por qué estás tomando nota de todo para que puedas repetirme y hacerlo voluntariamente.

Meditar A Través Del Yoga

El yoga es una forma de meditación muy diversa que data del siglo XVII. y su objetivo es el autoconocimiento y la purificación espiritual. El yoga tradicional se divide en prácticas como pratyahara, dharna, dhyana y samadhi, así como posturas físicas o Asanas, ejercicios de respiración o pranayama.

- En el hinduismo y el yoga, Yamas o Niyamas son una serie de reglas éticas que significan "control" o "reina". Los yamas son las limitaciones, mientras que los niyamas son la lista de cosas que podemos hacer y debemos hacer para vivir bien. Los yamas más comunes son la no violencia, el no robar, la moderación en la alimentación, el no agitarse o sufrir y el no prejuicio. Aceptar las circunstancias de otros y las propias con optimismo, generosidad, escuchar las antiguas escrituras, aceptar el pasado, humildad, modestia y recitar mantras son algunos de los Niyamas.

• Las posturas del yoga se conocen como asanas, pero en realidad es un método que implica actividad física y mental para el crecimiento espiritual y se basa en la meditación.

En las últimas dos décadas, este tipo de meditación a través del yoga ha sido uno de los más populares. Debido al esfuerzo físico que debe hacerse, que puede llegar a ser incómodo o dificultar un poco más la concentración, la meditación siendo principiante no se considera tan simple. Además, es crucial que cuentes con el equipo necesario, especialmente si es un principiante, como una colchoneta y ropa que no limiten sus movimientos.

Pranayama es una forma de meditación centrada en la respiración y el estiramiento. Se centra en controlar, armonizar e integrar la respiración. Para que el aire fluya libremente, las etapas de pranayama con inspiración deben ser suaves y constantes. Luego sigue la retención interna de la respiración, que implica mantener el aire en los pulmones de manera fluida, lo cual es crucial y no debe ser forzado. La espiración es una técnica que permite la eliminación completa del aire, pero requiere control y habilidad para regular. Una vez que se ha alcanzado un nivel avanzado de práctica, la etapa final es la retención de la respiración externa, que es cuando vaciamos los pulmones. El transporte de una mayor cantidad de oxigeno ayuda a regular las células del cuerpo, lo que aumenta el bienestar y la salud. Para dominar el arte de respirar, esta práctica es recomendable. Una vez que haya dominado los asanas, es recomendable realizar esta práctica. Esta práctica puede comenzar con tres minutos y llegar a durar veinte minutos. Es también recomendable que cualquier persona en un nivel principiante realice esta práctica acompañado de un maestro para que la realice correctamente.

Las prácticas de meditación contemplativa, como el pratyahara, son el primer paso que requiere un esfuerzo mental y un enfoque en las sensaciones; el Dharma es la concentración y la atención fija; y el Dhyana es la meditación, que puede ser la parte más difícil, que requiere sentarse en calma y quietos para vaciar la mente. Por último, pero no menos importante, el samadhi es la bendición que no termina y se enfoca en la unidad.

Hasta ahora, hemos mencionado que el yoga se practica gradualmente y a través de niveles, lo que significa que un principiante puede aprender cualquiera de ellos. Sin embargo, el enfoque es avanzar gradualmente de un nivel an otro para dominarlo.

Varios estilos de yoga utilizan una variedad de enfoques diferentes para centrarse. Incluyen:

1) Meditación centrada en el tercer ojo: visualizar y concentrarse en un punto intermedio entre los ojos, conocido como el tercer ojo, tiene como objetivo mantener la mente en silencio. Cuando practicamos esta meditación, el tiempo que dedicamos a permanecer en silencio y meditar aumenta.

2) La meditación de los chakras, un término muy popular que se centra en los 7 chakras de nuestro cuerpo que son los puntos de energía centrales. Esto se puede lograr visualizando mantras particulares para cada chakra. Las posiciones y los mantras se utilizan para ayudar an abrir y conectar las energías de todos los chakras con el universo.

En la cultura hindú, los chakras se describen como círculos de energía en lo largo y ancho de nuestro cuerpo a nivel espiritual.

Los siguientes son los vínculos entre los chakras:

El chakra raíz o de soporte, que se encuentra en el perineo y está relacionado con el funcionamiento de las glándulas suprarrenales, si está abierto, se siente estable, seguro y conectado a la tierra. No siempre debes confiar en las personas. Se conecta con su cuerpo físico y se siente presente en el aquí y en el ahora. Creo que tengo suficiente tierra. Su chakra de la raíz no está activo si tiene miedo o nerviosismo. Es probable que sienta que no es recibido. Este chakra puede ser excesivamente activo, lo que puede resultar en una persona materialista y egoísta. Es posible que tenga una obsesión por la seguridad financiera y no esté dispuesto an experimentar cambios.

El chakra sexual, que está abajo del ombligo y controla los ovarios y los testículos, Tiene que ver con emociones y sexualidad. Cuando está abierto, sus emociones fluyen libremente y se comunican sin que sea excesivamente emocional. Puede ser apasionado y animado y está abierto a la intimidad. Su sexualidad no le preocupa. Si su rostro es serio, rígido y sin emoción. El chakra sacral no está en actividad. No es amable con los demás.

Si este chakra está demasiado activo, es probable que siempre estés emocionado. Te sentirás emocionalmente conectado y puedes ser muy sexual.

Porque el chakra plexo solar está muy cerca del páncreas. El chakra del ombligo se refiere a unirse an un grupo. Cuando está abierto, se siente controlado y tiene suficiente confianza en sí mismo.

El chakra del ombligo suele ser pasivo e indeciso cuando no está activo. Es posible que sea tímido y no logre lo que quiere. Si este chakra está demasiado activo, puede ser dominante e incluso agresivo.

El centro del pecho es el chakra plexo cardiaco, que ayuda al funcionamiento de la glándula timo, que es esencial para nuestro sistema inmunológico. El chakra del corazón representa el afecto, la amabilidad y el amor. Cuando se abre, es compasivo y amable, y se esfuerza por establecer relaciones armoniosas. Si su chakra del corazón no está activo, se siente frío y distante. Si este chakra está demasiado activo, puede molestar a las personas y su amor probablemente sea egoísta.

La glándula tiroides está regulada por el chakra laríngeo, que se encuentra en la garganta. El chakra de la garganta es responsable del habla y de la autoexpresión. Cuando está abierto, no tiene problemas para expresarse, y podría hacerlo como artista. Este chakra es poco activo y probablemente sea introvertido y tímido. Podría bloquear este chakra no decir la verdad. Si este chakra está demasiado activo, puede hablar demasiado, ser dominante y mantener a la gente lejos. Si este es el caso, no es bueno escuchar.

El hipotálamo está controlado por el chakra del tercer ojo, que se encuentra entre los dos ojos. El tercer ojo es el chakra de la comprensión y la visualización. Tiene una gran intuición cuando está abierto. Puede que tenga tendencia an imaginar. Si es poco activo, es posible que no sea muy bueno pensando por sí solo y tenga tendencia a depender de las autoridades. Puede ser un pensador estricto y demasiado basado en sus creencias. Hasta se puede confundir fácilmente. Puede que viva demasiado en un mundo de fantasía si este chakra está demasiado activo. Si es demasiado, puedes experimentar alucinaciones.

Finalmente, el chakra corona dirige la glándula pineal en dirección ascendente. La sabiduría y la unión con el mundo están en el chakra de la corona. Cuando este chakra está abierto, eres consciente de ti mismo y del mundo. Si no está activo, no es espiritual. Es posible que tenga una mentalidad extremadamente rigurosa. Es posible que este chakra sea demasiado activo. Puede ser adicto a la espiritualidad ignorando las necesidades físicas.

Los chakras también están relacionados con las cosas que hacemos, como el amor, la comunicación, nuestros pensamientos y varias áreas de nuestra vida que se pueden activar con mantras para despertar energías que ayudan an equilibrar y equilibrar nuestra vida.

3) Meditación Kundalini, una práctica que se basa en varios caminos yoguis y se considera un sistema complejo. El Kundalini también es conocido por su poder de serpiente, que ayuda an elevar la conciencia, pero hacerlo no es fácil. El kundalini se cree que participa en varias prácticas, como la utilización de mudras, chakras y mantras, pero su energía se concentra en la columna vertebras, donde se dirige toda la energía que une todos los chakras. Cuando hablamos de kundalini, hablamos de elevar la energía a través de esta práctica de meditación, y cuando esto sucede, se dice que da como resultado "el despertar". Cuando practicamos Kundalini, es importante que busquemos la ayuda de alguien con experiencia que nos ayude an enfocar la energía correctamente; no es recomendable hacerlo solo.

4) El yoga tántrico, una forma de yoga tántrica. Muchas personas confunden el tema tántrico con una práctica o meditación centrada en la sexualidad, lo cual es incorrecto. Dado que esta práctica requiere un nivel más avanzado de meditación, requerirá un nivel específico de concentración y control mental. El yoga tántrico implica el conocimiento de diferentes disciplinas que se encargan de acercarse a lo divino, por lo que no es recomendable para principiantes porque podría hacerles creer que su relación es hacia el sexo en lugar de la complejidad que requiere.

Para dar una idea más clara de la práctica del yoga, enumeraré una serie de posturas que pueden realizar las personas con un nivel de iniciación en la meditación. Estas posturas les pueden dar una idea al realizarlas y experimentar el esfuerzo mental y físico que implica.

Las posturas del yoga hacia el sol son una de las posturas más practicadas en cualquier clase de yoga para principiantes porque buscan alcanzar un clímax de concentración gradualmente. Debido a que incluye posturas principales y respiración consciente, estas posturas en conjunto se consideran los ejercicios más completos y se utilizan con frecuencia en clases regulares de yoga como sesión de calentamiento.

La postura solar, también conocida como saludo solar, es una de las posturas más antiguas y ayuda a desarrollar la flexibilidad y la fuerza muscular. Fortalece el aparato locomotor, masajea órganos internos, estimula la circulación, libera la tensión, ayuda a disminuir y aliviar la depresión y la ansiedad y fomenta el proceso de autocura. Además, nos ayuda a ver la vida con total entusiasmo, felicidad y tranquilidad.

Debido a sus comodidades, es mejor hacerlo en casa y puede durar aproximadamente 20 minutos. Siempre y cuando se haga con cuidado, es beneficioso para todos porque requiere mucho esfuerzo al cambiar las posturas. Se recomienda tener una rutina diaria de esta práctica para que tenga un mayor efecto. Los siguientes doce pasos, que incluyen posturas del sol, pueden realizarse por cualquier principiante:

1) La primera postura de oración es una posición erguida con los pies juntos y las manos juntas pero muy cerca del pecho. Debemos concentrarnos en relajarnos y expandir el pecho a través de respiraciones profundas de 5 a 10 respiraciones.

2) En la flexión hacia atrás, se debe comenzar en la primera postura y luego levantar los brazos juntos y flexionar levemente la espalda, empujando la pelvis hacia adelante mientras se profundiza en el estiramiento.

3) Nos inclinamos hacia adelante, colocando nuestras manos atrás de nuestros tobillos y colocando nuestra cabeza lo más cerca posible de nuestras piernas, mientras estamos de pie con la pinza.

4) Realizamos el gran paso extendido flexionando una pierna hacia adelante, estirando la otra pierna hacia atrás y colocando las manos cerca de los tobillos de la pierna flexionada al frente.

Posicionamos nuestras piernas atrás en la punta y la palma de nuestras manos en el suelo, mientras que todo nuestro cuerpo está extendido en el aire, apoyándonos solo en la palma de nuestras manos y la punta de nuestros pies.

6) Después de completar la tabla, nos inclinamos ligeramente hacia abajo con nuestro pecho y barbilla pegados al suelo y simultáneamente nuestras rodillas.

Ahora, Cobra, colocamos nuestra barbilla y pecho en posición ascendente y dejamos que descanse la parte inferior del cuerpo, desde los pies hasta la cadera.

8) Perro hacia abajo, colocamos la planta de los pies y la palma de nuestras manos en el suelo, pero levantamos la

cadera e inclinamos la cabeza entre nuestros brazos y hacia el suelo.

9) Realizamos el gran pasó extendido, flexionando una pierna hacia adelante, estirando la otra hacia atrás y colocando las manos cerca de los tobillos de la pierna flexionada al frente.

Nos inclinamos hacia adelante, colocando nuestras manos atrás de nuestros tobillos y colocando nuestra cabeza lo más cerca de nuestras piernas, mientras mantenemos la pinza de pie.

(11) En la flexión hacia atrás, se debe comenzar en la primera postura y luego levantar los brazos juntos y flexionar levemente la espalda, empujando la pelvis hacia adelante mientras se profundiza en el estiramiento.

2) La primera postura de oración es una posición erguida con los pies juntos y las manos juntas pero muy cerca del pecho. Debemos concentrarnos en relajar los hombros y expandir el pecho a través de respiraciones profundas de 5 a 10 veces.

www.ingramcontent.com/pod-product-compliance
Lightning Source LLC
Chambersburg PA
CBHW071125130526
44590CB00056B/1970